全国中学生校园美文精品集萃丛书

我 的 青 春 我 的 梦

众里寻他千百度，暮然回首，那人却在、灯火阑珊处

有一种爱叫目送

《作文与考试》杂志社 选编

时代文艺出版社

图书在版编目（CIP）数据

有一种爱叫目送 /《作文与考试》杂志社选编. —长春：时代文艺出版社，
2018.8（2023.6重印）

（"我的青春我的梦"全国中学生校园美文精品集萃丛书）

ISBN 978-7-5387-5701-9

Ⅰ.①有… Ⅱ.①作… Ⅲ.①作文－中学－选集 Ⅳ.①H194.5

中国版本图书馆CIP数据核字（2018）第004374号

出 品 人　陈 琛
产品总监　郭力家
责任编辑　李荣崟
装帧设计　李 斌
排版制作　隋淑凤

有一种爱叫目送

《作文与考试》杂志社　选编

出版发行 / 时代文艺出版社

地址 / 长春市福祉大路5788号　龙腾国际大厦A座15层　邮编 / 130118

总编办 / 0431-81629751　发行部 / 0431-81629758

官方微博 / weibo.com/tlapress

印刷 / 北京一鑫印务有限责任公司

开本 / 700mm×980mm　1/16　字数 / 153千字　印张 / 11

版次 / 2018年8月第1版　印次 / 2023年6月第6次印刷　定价 / 34.80元

图书如有印装错误　请寄回印厂调换

编 委 会

目 录

有一种爱叫目送

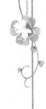

心里住着一个小天使

捡拾忽略的美好

走在成长的边上

有一种爱叫目送

"我慢慢地、慢慢地了解到，所谓父女母子一场，只不过意味着，你和他的缘分就是今生今世不断地在目送他的背影渐行渐远。"

水声"哗啦啦哗啦啦"地轻轻荡来，远处的一条街道灯光闪烁。我，到底还有多少时间，去慢慢，慢慢地目送你们的背影渐行渐远，慢慢地记住你们今生今世的容颜？

光阴啊，请你慢一点儿，再慢一点儿。

有一种爱叫目送

陈 瑜

"我慢慢地、慢慢地了解到，所谓父女母子一场，只不过意味着，你和他的缘分就是今生今世不断地在目送他的背影渐行渐远。你站立在小路的这一端，看着他逐渐消失在小路转弯的地方，而且，他用背影默默地告诉你：'不必追'。"

好似一粒石子从数千米的高空坠落，石子很轻，却很重、很痛地砸到你的心湖里，一片水花……

读完《目送》一书，合上最后一页纸时，已是夜晚。阳台的方向，可以听到父亲洗衣服的"哗啦啦哗啦啦"的水声，伴随着秋风穿过客厅轻轻地飘来，绵延深长。从床边的窗户望去，穿过街道穿过云层穿过楼房，静下心来，可以听到——母亲招呼顾客的声音，跟她们讲价钱的声音，她变换站姿时平底鞋与地面磕碰的声音……

开始时，是那样的每个早晨，我大哭着不肯上幼儿园，最终被千唤万哄地撺上校车，还把沾着眼泪的脸贴在车玻璃上大叫："早点儿回来接我"；后来，我可以安安静静地坐在自行车后座迎着晨曦上小学；现在，我已经能够自己拿上热乎乎的豆浆、面包独自踏上上学的路。这期间，我有时会想：他们，有多少牵挂，有多少不舍，有多少次的目送，有多少次的独立窗前？他们，有多少次等我的一次回头，等我的一句"再见"，等我的一个深长的拥抱？

我何曾知道？

我只看到，时间正以宇宙的秩序踏着步伐而来，给他们施以酷刑——

他们的头发一点儿一点儿地变白，视线一点儿一点儿地变模糊，皱纹一点儿一点儿地增多、增深。再以后，他们的脊背会弯曲，牙齿会松动，耳朵不灵敏，说话含糊不清……以至有一天，他们有了一个共同的名字：老人。但是我没有办法阻止，没有。

在不知名的某一天，"最后的时刻"悄然而至，这是人生的最后一场大课，没有导师，没有辅导书，也没有预演与彩排。曾经，我们匆匆登场，几十年后，在落幕的一刹那，我们只能，只能深深，深深地凝望，希望记得今生今世最后的容颜。

我们没有办法阻止，没有。

我们都拥有自己的人生，而且必须独自面对自己的人生。我们的喜、怒、哀、愁、生、老、病、死，都无法替换或转让。但是在弹指般短暂的人生路上，有一群叫"父母"的人义无反顾把自己可支配的那段最好的年华奉献给了他们的"孩子"——另一群人的人生。然后他们独自面对老，面对病，面对孤独，面对最后的转身离开。

"我慢慢地、慢慢地了解到，所谓父女母子一场，只不过意味着，你和他的缘分就是今生今世不断地在目送他的背影渐行渐远。"

水声"哗啦啦哗啦啦"地轻轻荡来，远处的一条街道灯光闪烁。我，到底还有多少时间，去慢慢，慢慢地目送你们的背影渐行渐远，慢慢地记住你们今生今世的容颜？

光阴啊，请你慢一点儿，再慢一点儿。

那一天，我想我懂你了

郑晓群

中秋节的前一天，八月十四。空气里是熟悉的味道，我正准备从学校步行回家。校园里的桂花开得正旺，香气扑面而来。每天，我都习惯等到暮色降临，路边的路灯亮之后才回家。路上，我每天都重复着这样的动作——脚掌踏在地面上，两秒左右的时间再踏上另一支脚于地，我喜欢这样踏着砖走，因为不愿意回家。

回到家，四菜一汤，两个人。

"你妈今天不能回家了，你帮妹妹洗澡。"

"嗯。"我继续埋头扒饭。

"等一下把楼上阳台丝瓜摘下来，明天煮汤喝，记住把老的先摘下来。"

"今天，你生日。长这么大，我都没有管过你，你想买什么，我给你买吧。"

"嗯？"筷子开始不怎么勤奋运作，我抬起头看着他。

他很随意地吃饭，依旧如平常，碗旁立着一瓶纯清牌的啤酒。常说着不荤不素的脏话的他非常爱听鼓词，在家时不时就捧着一个红色录音机听，弄得饭桌上成天响着震天的鼓词。母亲倘若说他几句，他便会光着膀子大叫，在他眼里，被女人说是很没有面子的，这就是我的父亲。

今天，原来他记得是我的生日。

他左手的五指端着碗底，筷子机械地重复着简单的动作，他只是埋头扒饭，米粒粘在碗上、桌上，碗边放着掉了漆的录音机，长年在家中穿的白色背心，不知何时变成了米黄色。

他胳膊下边的衣角开了叉，脱出长长的线，像是裁缝店里旧缝纫机的生锈踏板上留下的没人认领的东西。

我何曾想过，他也过着正在脱线的日子？他何曾做过自己想做的事？而现在的他，有一个家需要去支撑与承担。

父亲或许真的老了。

"我很喜欢一个单肩包，你可以买给我吗？"我尝试着问了一个这样的问题。

"贵不贵？价钱还好，就买了。看我明天有没有空儿，帮你买吧。"

两个人，埋头扒饭，月光像瞌睡人的眼。

那一天，在时间里的某一个地点，我想我懂你了，或许你也爱我，只是不那么善于言表。

窗外，月华如水。

从镜面上流走的岁月

余 颖

一面透光的玻璃，倘若在背面涂上水银，那么它便可做一块镜子，去折射无法说谎的一切。

我童年的所有记忆几乎全部给了母亲。这个女人总会温柔地教我做许多事，一起拥有同一段静谧的时光。小时候，她总是把我架在肩头，走过橱窗前，巨大的落地窗漫出幽幽的灯光，浮雕门框像是无比隆重地在为我们照相。那时，流光浮动，人影闪烁，每一个人都有着绯色的腮，洁白的牙。我们在镜中出现，消失，再出现……

后来，她同我站在梳妆台前，是给我梳头。她捋起小孩子特有的柔柔的发丝，一束一束捏在手里，不住地念道："长了，长了。"再大一些，是她挽着我的手，在镜前比身高，她总会压低我的头说："再高些，再高些。"有时候，她真像个孩子。

那些时光里，她就像年龄与我相仿，也走在青春的道路上，开在盛夏的花朵里——

她，干净得像个孩子，我总担心她会不会忘了自己是一个母亲的身份，比如，看书，或者看电视，她会兴高采烈到忘了做饭。

终于，时光还是来接她了，不愿再让她逗留。现在，我看到，她站在离窗子近的地方，手擎着那枚"长斑"的镜子，往脸上擦点儿东西，以遮盖岁月踩过的痕迹。

她变了，可是镜中的笑却一如昨日温暖。我明白，她面对我的目光是永远不会变的。

　　初秋，乍暖还寒的时候，但火红的枫叶预告着秋天的成熟——那样的红，简直要燃烧到篱笆外去，是不是谁不小心把颜料泼在了那上头？抬头，一粒明火在离天最近的地方绽放，旁边的云霞像是瞌睡人的睫毛，纤长舒展。

　　母亲悠悠地剥了一个金色的橘子，一半塞进我的嘴里，另一半放在我手中。微凉而清甜的味觉似一条丝慢慢痒进心里。她挽着我的手，有力地朝家的方向走去。路过一只趴着睡觉的大黑狗时，我明明觉得她把我的手抓得更紧了——她也是怕狗的。

　　作为一个母亲，家庭的CEO，领不到薪水仍日复一日地工作，献上她的所有来爱我。我知道的，她靠的不是物质那种空洞的东西，一来乃是信念，一种爱你一万年，即使天地毁灭也不会改变的意志。再者就是一种感觉，闯点儿小祸，吵个小架，小日子过得舒坦而温暖，图的就是个幸福。

　　很多时候，我都在想——正如镜中所照映的，她凭什么这么爱我？仅是骨肉之亲？

　　镜子无法说谎，母亲确实老了，但她爱的方式我却这般熟悉。一块涂了水银的玻璃迫使我正视年龄这个残酷的话题，我在长大，母亲却在老去。

　　镜面上流动的岁月，你该让我如何追索，追回母亲曾经的容颜？

我 的 母 亲

程亦凡

秋愈深，风渐紧。掷笔闲暇之际，长吁一口气，那些氤氲的雾气让我想起，如此温情的你，我的母亲。

——题记

呵手为伊书

自幼便有手脚冰凉的毛病，深秋，尤为刺骨。

每每执笔，落下的字总是颤颤巍巍，不复柳风颜骨的清秀。坐于身旁的母亲，便会揽我于怀中，将我因寒冷而麻木的十指放于掌心，小心地包裹。来自母亲荷一般的独特馨香，就这样携着温暖的力量，轻轻浅浅地飘进心里，幻化成墨色回旋的字迹。

母亲举起手停于唇边，小心地呵着气。母亲口中温热的气体，遇见冰凉的空气，幻化为升腾着盘旋的雾气，似乎掺杂了某种无法言说的力量，那样轻易地渗入我的肌肤，融进我的血液，填进心的罅隙。屡次循环，心就这样暖和起来，像是一袭明亮的光线，映出母亲的安然神色。

许久，母亲的掌心渗出细微的汗，她抬起头，却始终不放下包裹我的手，她用温暖如灯火的语调问道："还冷吗？"橘黄色的灯光映照出她此刻的面庞，暖且明亮。

"不冷了！"我用母亲给予的温暖大声应答。而后，我从她怀中起身，挥笔沾墨，笔锋回转。一纸青字，如一锅温水里融化的糖块，那些情意就从细枝末节中溢出，甜蜜且真实。

前日，偶读纳兰容若的一阕《虞美人》中一句："忆共灯前呵手为伊书"，蓦然就想起我的母亲，那些美好温暖的过往：灯下共暖，相伴至天明！

呵手为伊书，寒冷不再，情意似灯：温情而绵远，闪亮而晴明。

闻暖知尔来

自幼家中便飘散着浓郁的肉香，深秋，愈发浓烈。

每每回家，都看见母亲在灶膛边忙碌。清晨，她去往街市，选一块极鲜嫩的肉，洗净，置于锅中，慢慢熬煮，余下的，便只是等待。灶膛的火，跃动着，将母亲的面容映成好看的橘红色，瞳孔里尽是别样的温暖。等待，漫长却无寒凉。一揭锅盖，肉香便溢满整间屋子，和着浓郁香味的雾气氤氲着上升。说来也怪，母亲熬这一锅浓汤，仅加葱、姜、盐等必须的佐料，并未有其他，却酝酿成一屋难以忘却的馥郁气息。

对坐桌边，舀一勺温暖，掐一把葱翠，漫一屋馥郁。埋头，只听得簌簌的喝汤声。汤尽，抬头。隔着氤氲，我看不清母亲此刻的表情，但温暖而满足的眼神，却能依稀辨得，相视一笑，心里是全然的幸福。

闻暖知尔来，温情永存，爱意似汤：香醇而袅远，清冽而独到。

……

那些源于母亲的温暖，积淀于心底，盘踞于最明亮的一隅。因为母亲，我不再畏惧冬日的寒冷，亦不再相信世间的寒凉。

我相信黯淡的生活背后总有些源自母亲的温暖：温若灯火，暖若入肚的尘香。人生如尘，在母亲的心中，女儿似珠！

白 玫 瑰

邢婉彰

姥姥对我说："她忙，你去给她送饭。"然后递给我饭盒。

我坐在长椅上，看着她背对着我忙碌的身影。配药，换药，打针，拔针。

忙，却不乱。

她雷厉风行的性格，来去如风的步调，就是如此炼成的吧。

脚后跟不沾地地走路，一转身，扬起的尘土在她身后绽放了一朵白玫瑰。

我坐在长椅上，看着她安排工作，叮嘱病人，恨不能会分身术。

我坐在长椅上，想着她怎么这么忙？饭再不吃就凉了。

医院比以前拥挤了很多，毕竟不是什么大医院，住院部和门诊部都设在一块，要看病的，要住院的，要出院的，不时有婴儿的啼哭声，病人的抱怨声，十分喧闹。

她从一个病房走到另一个病房，又走进护士站，不停地穿梭，全然无视我的存在。

空气中弥漫着消毒水的味道。

墙上的挂钟不停地走动。

饭菜已经是温热的了。

我看见她被一个病人叫住，听病人说了几句后，她拿起病人手中的塑料袋，取出药物，快速将药水配好。再将橡皮筋系在病人手腕上，小心地拍打着病人的手背，然后认真消毒，找到注射的静脉，拿起针头，排出空气，准确地扎进血管，等待一分钟，一切顺利后，她解开橡皮筋，贴上胶布，拿起输液瓶，扶着病人走到座位上。

动作娴熟，利落，冷静。

她已当了多年的护士，做这一行的时间比我的年龄都大，她每天每时，都在无数次地重复着这一动作。

但我却是第一次，如此认真地、细致地观察她工作的样子。

雷厉风行的性格，来去如风的步调。

一转身，扬起的尘土在她身后绽放了一朵白玫瑰。

白衣天使，无数次听过这个词，如今才悟出了其内涵。就如同白玫瑰一般，没有红玫瑰的妖娆，没有粉玫瑰的娇嫩，它纯洁质朴，不奢不华，白色的圣衣只为拯救生命而存在。

一瞬间，觉得自己应该关心她。

她终于不再忙了，终于有时间可以坐下来了，然后开始吃已经冷掉的饭。

我对她说："妈，别太累了。"

她那双拿着筷子的手突然停了下来，转过脸来，满脸的劳累与沧桑，却绽开了一个暖暖的笑容，一如盛开的白玫瑰，芳香醉人。

依　靠

吴扬扬

　　碧海上，你是我永远的港湾，蓝天下，我总要扬帆远
航。

——题记

　　八月的夏日，艳阳高照，连棕黑的树干都仿佛被绿荫洇染，泛着一派清丽风光。我倚靠在车窗边，不倦地注视着一棵棵在眼帘中闪现的行道树。

　　忽然，左肩一股下垂的沉重感袭来，我偏头一看，竟是母亲倚靠在我身旁。

　　母亲困倦的头正搭在我的肩上，随着车子的起伏而微微摆动着，枯黄的头发蹭着我的脸颊却格外柔软。明媚的阳光在母亲的脸上涂抹着深浅不一的阴影，一寸，一寸，眼角的丝丝皱纹，鼻翼两旁的沟壑都被细细地勾描着。

　　我仿佛从来没有如此仔细地看过母亲，渐渐地，左肩麻木了，连带着消失的沉重感，吹进窗子的湿润海风拂过我的脸庞，微咸的触感抚过我的思绪。

　　十几年前，当我还只是孩子，是否也酣睡着依靠在你的怀里，紧拽在手心的，也许是你的一缕秀美的黑发。

十几年后，你依靠在我的肩头，恬静得仿若一个未经世事的婴孩儿。此刻我才发觉自己早已出落成一个大姑娘了。你的怀里是何时容不下我宽健的臂膀的呢？

海风似乎更加湿润了，眼睫上沾染着淡淡水汽，晶莹的水珠，辉映着往昔的温馨。

不觉间，远处的铃声响起，牵回了我的思绪，只见身侧的母亲如梦初醒，马上坐直身子，一丝难为情的神态流露在脸上。

我回望远处的海滩，夕阳的余晖洒下，海面被抹上一层胭脂粉妆，海平面上停泊着一艘渔船，那连接着海岸的铁索多像母亲和婴儿间的脐带，昭示着你我是密不可分的血亲，也注定我会从这里离开，去寻找自己的世界。

也许我会在浩瀚的大海上失去方向，也许我会在重重的难题面前想起你的温暖臂膀，但我总要走向属于自己的路，总要在风浪中成长，在迷惘中成熟。因为只有这样，我才能换来你欣慰的微笑，换来你为我操劳中的暂停歇息。

但是在我心里，母亲你知道吗，你是我永远最想依靠的港湾。

我 和 你

周阳阳

1

"你也不学学你姐姐！你看看你，再看看你姐姐，你怎么就这么不让我省心！"母亲总是戳着我脑袋这样说。

是。你学习好到让所有人羡慕，你是大家眼中的乖乖女。而我，什么都不是。

我在池塘里抓蝌蚪时，你在学习。

我在后院里摘果子时，你在看书。

我在草地上晒阳光时，你在思考。

常常会想，我和你是不是生活在不同的时空里。

因为，我和你，从来，不一样。

2

"你看，那是不是你姐姐啊？"同学拽着我的衣袖轻声问。

我顺着她手指的方向看去，果真是你。

傍晚的斜阳总是那样暖，那样美。稀稀疏疏地洒在石子路上，与行人的身影斑驳交错，形成一种错落的景致。

你就在那阳光下，光着脚丫趴在池塘边。斜阳映衬着你满是笑意的眉眼，在池水上熠熠发光。

或许是不经意的转头，你看见了我。你挥舞着手中的网，冲我喊，让我和你一起抓蝌蚪，带回家养起来。

一切看起来那样和谐，可又那样不和谐。

你竟然在做我以为你永远不会做的事。

那个下午带给我的震撼是你无法想到的。

后来，那天下午抓到的蝌蚪，是我和你第一样一起拥有的东西。

我和你，似乎没有那么格格不入。

3

"妹，带我去摘果子吧。"你拉着我的手缓缓地说道。

那个清早，意识正蒙眬的我，竟带你去了后院摘果子。

我给你示范了一次，坐在粗粗的树枝上朝你挥手。

看着你笨拙的样子，时而同手同脚，时而找不到着力点，我好几次笑得不能停下来，就像看见了当初的自己。

但你还是笑眯眯地继续尝试，没有一点儿灰心丧气的样子。

最后，你还是和我一起坐在了树枝上，啃着果子悠闲地聊着天。

谈天谈地，谈古谈今，谈见解，谈理想。原来，我们有这么多相同的语言。

阳光，白云，果树，映衬着我们的笑容与欢声。

那个早上，我认识了一个全新的你，带给我那样多的惊喜。

我和你，好像没有那么多不一样。

4

"姐，这样子晒阳光真舒服啊！"我眯缝着眼望着太阳感叹。

你慵懒地应了声，轻轻地笑了。

直到现在，我还记得那个午后。阳光多柔，草地多暖。

天空澄澈，阳光透过稀薄的云彩细碎地洒下。空气中飘荡着浓浓的泥土与青草混杂的味道，还有淡淡的茉莉花香。

我和你毫无形象地躺在草地上，任暖洋洋的阳光遍布全身。我们轻轻地谈论着各自的糗事，笑声一阵盖过一阵。

好多我做过的傻事，你竟然也做过。姐姐呀，原来你也曾经这么傻啊。一时间，笑意溢出了我的唇角。

嘿，姐姐，有你在的午后真美好。

我和你，几乎是一样的。

5

"你们两个什么时候这么好了？"爸爸笑着问我和你。

我们不言，只是相视一笑。

是啊，究竟是什么时候，我和你之间没有了曾经的那份距离感与陌生感？现在的你让我感觉更真实。

我曾问你，为什么我看见你的时候，你总在学习？

你是这样回答我的，也是我没有想到的。

"因为你在玩儿的时候我在学习，而你在学习的时候我就在玩儿了啊。"

原来只是错开了时间，原来我和你真的没什么不一样。我失笑。

你知道吗？我有多庆幸，我和你并未像几米的《向左走向右走》

中的那两个人一般，永远地失去再次相遇相知的机会。我有多庆幸，我和你终究没有错过彼此。

　　我和你，从来，都一样。

镜　　子

高泠月

爱，像镜子里的脸，越靠近越看不完全。

——题记

盛夏，多雨的季节。

当窗外湛蓝的天空开始泛起阴霾，似一张幕布从遥遥天际缓缓袭来，蜻蜓不再执着于高空翱翔，而是选择在人们肩头盘旋飞舞时，我知道，一场风雨即将来临。

空气中到处充斥着润湿，雨点一滴滴，一丝丝，一串串地坠落，耳边开始萦绕雨滴击打着青石板而发出的清越的泠泠之声，那声响，极远的又是极近的，极宏大的又是极细切的。

忽地，窗外白亮一闪，我不禁浑身一颤，还未来得及反应，就听得一声炸裂般的巨响涌来，包围着我，我止不住地发抖，手中的笔竟也写不下去了。只有用双手捂紧了双耳，不去听。却感受到门的震动，回头望去，是你。

你站在门口，用身上那从我记事起就追随你的蓝布围裙擦拭着双手，为我打开了灯，屋里亮堂起来，你笑着问我：“晚上吃些什么？我准备蒸两个包子，炒个饭，再……”“随便！”我不耐烦地打断了你的话，继续捂着耳朵，思考着手中费解的题目。

你的声音却如同滑溜溜的泥鳅一般，轻易地溜进了我的耳朵里，继续撩拨着我本就浮躁不安的神经。"够了！烦死了"我爆发式地冲你喊着，两手也从耳旁拿下，却忘了手中还握着笔。我清晰地感觉到笔尖划破皮肤时的撕痛感，从耳旁蔓延到下巴，火辣辣的，似是被火灼烧。

未去看你的脸色，只慌忙翻出镜子，察看伤口，却奈何，那伤口太细太长太浅，看不真切，只得贴近去看。却瞥见镜中你的身影，你脸上原本的笑容还凝滞着，眼旁嘴角处深深的皱纹里却嵌着点点苦涩，你本就不挺拔的身影又佝偻了几分，你摘下围裙，对我说："别动！我去找药！"

我依旧看着镜子中的伤痕，开始慢慢渗出细小的血珠，像清晨的小草缀着的露珠。我靠近镜子，却只觉眼前模糊，连脸也看不清，只觉模糊一片，似在眼间覆了一层薄纱。却听得你说："本来担心你一个人听见打雷会害怕，才过来和你说说话，却没想到出现这种事。唉，都怪我！"你的声音似乎穿过了千山万水，携着空气中大量的水汽，传到我耳中，绵长而遥远。

像是被人在鼻尖洒了柠檬汁，酸得有点儿哽咽。我看着镜中朦胧，渐渐放远镜子，看镜中人泛红的双眼，忽地觉得，你对我的爱，是否就犹如这镜中的脸，越是靠近，反而不清晰，看不完全？心中涌来大片海水，淹没我双眼。

"来了来了！"你匆忙地跑来，脸上的汗珠越过你浅深不一的皱纹，原本挽好的头发已松散，几绺银丝坠落耳旁。你不顾自己镜中的狼狈，只一心为我上药。我轻轻地抱住你："外婆，对不起！"你身体一颤，随即也抱紧了我。

我看着镜子中的我和你，宛如我小时候一般亲昵，真好！

爱，像镜子里的脸，越靠近就越看不完全。以心去感触，却能体味深沉似海。

北 方 遥 远

谢舒敏

南方的十一月。

生在南方，却对遥远的北国倾心向往。想象中的那里，常日里多是灰蒙蒙的天气。时有晴朗、淡淡的悠扬在空气中，简洁静好。站在广袤的天空底下，四下全白，抬头望着大片大片的雪花在天空飘落，好比梦境里有花瓣在大片大片地绽放。那个场景，不知被纯情的少女梦到了多少次。我日日夜夜地臆想着，以为那是纯真世界的另一面存在的所有证明。

这种天气，未能敏锐感知温差变化的人被降下的温度袭了个措手不及。

到了放学回寝，室友穿着单薄的冬季校服颤抖地从门缝里挤进来，怨道："怎么这么冷啊！"她边说边不停地搓着泛白而无血色的手。上铺传来无力的声音："都要冬天了，怎么能不冷。"我们头一抬，目光落在一坨厚实的棉被之中探出的一颗蓬头乱发的脑袋。

天就这样冷起来了。当我们裹紧衣服嗔怪着它来得毫无征兆、冷得不留情面之际，却不曾想是自己省悟得太晚。习惯侥幸地认为这又是一不知其名的冷空气南下了，过了这阵子天就该回暖了。那来自北国的空气，却从不曾为我所逃避。

这种时刻脑海里便迅速地回想起一些画面，每近天冷之前，母亲总会在我耳旁不停地提醒我多穿点儿衣服。那些住在家里的日子，在瑟瑟发抖的大冷天，清晨醒来床头便会多了几件保暖的衣物，暖人心扉。天渐冷的时节，母亲总会不厌其烦地叮嘱，会煮一碗贴心的热姜汤。

我说，我想喝姜汤。

朋友愣了片刻，睁大眼睛看着我，诧异这突然的怪异要求。随后"扑哧"地笑了："食堂又不是你家开的，哪来的什么姜汤啊！"

往年的寒冷日子里，我总能喝到母亲端来的一碗冒着热气的姜汤。起初，我讨厌那种热辣的味道，然后近乎理所应当地抱怨母亲多此一举。母亲总还是一如既往地笑笑说，能御寒保暖的。

母亲先把新鲜的姜放在池里洗净，水管里汩汩地流出透明的凉水浇在母亲的手上。我在一旁看着，却觉得毛孔都紧凑起来缩在一起。想帮忙但想起刺痛的寒气便又识趣地躲开。母亲大概是不怕冷的。

是的，大概是习惯了，不怕冷。每当此时我便心安理得地在一旁静观。

把姜切片，再把姜片投入清水中，加些红糖。母亲喜欢再加几颗大枣，可能是由于我先天贫血吧。汤得熬上十几分钟，这些空着的时刻，母亲便站在灶前等着，眼神静静地落在徐徐腾起的白烟上。锅揭起的片刻，冒起一大团裹着浓烈气味的热气。略稠香浓的姜黄色汤汁，划入咽喉的那一刻，无可抵挡的辣味与香气顿时弥漫唇齿间，其后是香甜的回味，而后胃里一阵温暖，似有缓缓燃烧却不炽烈的火苗烧出可爱的模样。

我这样想着，半晌才回过神来，发觉暮色迫近，气温又开始下降。突然真切地感觉到眼前这个冬天是不曾熟稔的，陌生冰冷地不置一语。

晚间一直恍惚失神，同桌问我是身体不适吗？我愕然地摇了摇头，用带着感激、茫然的眼神想诉说点儿什么。

可我说不出来。

其实我想说，我想家了。

我想妈妈了!

我总说,等长大了我要去北方。我喜欢北方,我喜欢北方的冬天。那种清淡而素雅的冰凉触感,那些在冬季沉静而淡烟薄雾袅袅的城市,宛如娴静温良的少女。

"囡囡,北方可比这儿冷多了,你这么怕冷……"

"我不怕!"我不知道我急于反驳是想证明什么。

年少的岁月里,我们都会费尽周折地去追随口口声声的所谓的梦想,来给予自己的幼稚和冲动一个支撑点和借口,试图排遣对生活的不满。而现在,我才明白,我本属于南方。

我明白了母亲用心煮的那姜汤为何有它特殊的味道,原来,南方搅进了我们太多复杂的感情。

这是我的家乡,气息血脉相连的这片热土,这片生我养我的地方。我在这温润的天地间长大,我离不开,那是我所有的依赖。

就像母亲,就像这一片土地。

当冬日渐冷,我还未走出这个开始不停地下起雨的小城,我开始安逸地想要在这个温暖的小窝里永远地生活下去。母亲的爱和南方这座城市那么相像,这里有绵长的雨季,像母亲柔软绵长的深情。而北方于我,是与饱满的现实背道而驰的梦想,终究遥不可及。我开始想念那大冷天里戴着母亲为我亲手织好的手套的温暖感觉,想念那断断续续的要我添衣的叮嘱,那冒着半透的乳白色热气的姜汤。

我热爱着一个带着姜味的南方的冬天。

我 的 奶 奶

陈钟瑜

写下这四个字的时候，心中充满了无限的幸福感——因为是属于我一个人的奶奶啊！

从小的时候就跟奶奶在一起生活了。还记得每一次要和奶奶分离都会大哭大闹好几天，以至于在往后回老家时，没有人敢询问我何时回深圳了。但随着我的长大，要上学了，我开始和父母在一起的时间更多，对奶奶的眷恋就仿佛从汹涌的大海转化为涓涓细流的小溪。

不久前来到深圳的奶奶就像一股强大的引力，再次将我拉回到和她在一起的时光。

奶奶就好像幼儿园时的我，喜欢站在窗台前等待家人的归来。那时的我啊，总爱搬着一张小凳子，站在上面看着来来往往的人，静静地等待着爸爸的归来。而现在的我，则是变成了被等待的人。夜晚暮色降临，天边早已染成了墨蓝色，唯有奶奶温暖的笑靥在灯光的照耀下静谧地呈现着柔和的姿态，那是暖暖的昏黄，有老照片的味道。我回到家后，总是恶作剧地忽视为我开门的奶奶，转而向屋子里的爷爷打招呼，然后再一脸惊讶地望向奶奶，好像刚刚才发现她的存在似的。这时的奶奶总会对我露出气恼的样子，用手捏着我的脸颊说道："你怎么这么坏呀！"

当然，有时候奶奶也会恶作剧地躲在客厅的门后，等着我放学回家后询问她去了哪里。因为小的时候总害怕奶奶离开，于是会大惊失色地在家里搜寻着奶奶的身影。而现在，我只是偷偷地用余光瞥了一眼躲在门后的身影，只见白色的头发在门缝间闪现，我一如平常地走进家中休息，丝毫没有要询问奶奶去向的意思。躲在门后的奶奶终于忍不住一副气急败坏的模样出现在我面前，撒娇似的质问我为什么不找她。每到这时，我都会一脸无奈地望着她。

奶奶是一个情感比较丰富的女子，她喜欢一家人在一起聊天的氛围。刚开始，她对于晚上大家各做各的事情感到微微的失望。后来每天晚上吃完饭，她都会煮好茶招呼全家人一起喝一杯，然后和每个人攀谈起来或讲着以前的故事。于是乎，一家人仿佛是打开了巨大的话匣子，家常话是"不尽长江滚滚流"啊。

奶奶虽然活泼，但对于礼仪却是一点儿也不含糊。她总是一遍遍地教导着我起床后要问候家人，出门前要和家人说再见，回来时也要打一声招呼再回房间……甚至于连吃饭时筷子的摆放方向和端送饭碗给家人的顺序都要教。"细节体现你的教养"，每当我为这些琐碎的事情感到厌烦的时候，她常将这句话挂在嘴边。

而就在今天中午，当我开开心心地去车站送奶奶回老家，然后如同往日一样补习后回家，走到家门口，习惯性地望了一眼家门口，只看见冷冰冰的大门和空洞洞的窗前，我的心顿时空落了。走进家中，望着鞋柜上奶奶穿的拖鞋整齐地摆放在鞋柜上，我开始了漫长思念的长征……

要有多久思念才会停止？

"奶奶，你什么时候再回来啊？"中午送奶奶时我随口问道。

"嗯……大概四月份吧。"

"啊！到那时候我都快中考了呀。"

"对呀。到时候再给你做好吃的，让你能够好好考试。"奶奶笑眯眯地说道。

……

不知不觉中我的泪水在眼眶中滚动，眼泪的重量使我的眼前只剩下一片迷蒙。我忍着泪水不让它们落下，心中暗暗地对奶奶说道：

　　"奶奶，你可不可以早点儿回来呀？让我思念的长征好快点儿结束。"

唯一的乘客

方　莹

　　七年前，因爸妈双双打工异乡，外公便成了我的专属"司机"，一辆旧三轮即是他的"私家车"。那时起，每天八个来回，外公是雷打不动地接送我。

　　外公皮肤黝黑，是个"正宗"的老农民，却又爱车如命。这听起来真像个笑话——爱车？是啊！就是那辆旧三轮，骑上去，常常还有"咯噔、咯噔"的"音乐"一路相伴。外公的车只有我这么一个乘客，用他的话说，"别人都不够资格"。他甚至从不用三轮来运货，说怕弄脏了，影响我这个乘客的心情。

　　既然是唯一的乘客，我就得有点儿享受的样子，至少配合一下嘛！坐在擦得锃亮的车上，尽管一路颠簸，左摇右摆，我竟也能伴着"音乐"睡得很香。只是醒来时，我的身上总会多了一层"棉被"，那是外公的大外套，他怕我睡觉冻着。

　　几年前，外公蹬三轮的速度是常人所比不了的。尤其是三轮上多了一个我时，外公蹬得更是卖力。若是我高兴地大喊："外公，加油！加油！"那么，三只轮子就不再是简单的轮子了，而变成了"风火轮"。我想，就算落冰雹、下暴雪，也无法将"火"灭掉吧，因为那几只"风火轮"已被外公施了"魔法"，他将那叫作"爱"的"仙气"附在了轮子上……

时光荏苒，外公蹬三轮的速度越来越慢了。外公却不服老，只强调说，是车子太旧了的缘故，他打算趁星期天把车子大修一下，然后再接着送我上学。但我拒绝了——我想：自己已经长大了，该独自上学了！况且，我又怎么忍心让一把年纪的外公再为我弯腰弓背地出力呢！然而，外公却以为我嫌弃他的旧三轮，竟不声不响地花掉自己积攒多年的血汗钱，又重新买了一辆！

终究，我还是独自骑自行车上下学了。只是，失去了唯一乘客的外公，依然爱骑着他的三轮，"顺路"到学校来看我，或送个饭盒，或带把雨伞……

草木的馈赠

鲁冰倩

一花一世界，一草一木一千秋。

——题记

在祖母的生活中，一草一木她都是那般珍惜，好像那是生活给予她的一种神奇馈赠。

藤　椅

祖母有一把藤椅，每到夏天，就会把它搬到树荫下面，倚靠在上面，闭目假寐，旁边放个收音机，里面放着咿咿呀呀的黄梅戏，一旁俯卧着祖母家的花猫，慵懒地眯着眼。整个下午便在草木的清香中，浅淡拂过，祖母惬意于这静寂的安详。母亲也曾给祖母买过按摩椅，很舒服，而祖母却一口回绝，依然在夏天，靠在有些硌人的藤椅上，静静地在草木氤氲的古朴之气中抛却了流光。我常想，也许藤椅能赐予祖母对生活的许多回忆吧。

木　雕

祖母家有一个木雕，小型的弥勒佛，挺着大肚子，袒胸露乳，笑得温润。

舅舅曾想把这个木制的佛像换成镀金的，说那金像更华贵大气，比木雕也昂贵得多，更体现信佛的诚意。

祖母却固执己见，每天对着木雕祈福。

祖母这样说：金银饰物是俗物，只有木的温润质朴，才会体现出佛的禅意。

我心中也暗自同意祖母的说法。于是每次拜访祖母时，便会看到那个木雕的佛像依然摆放在案台上，深棕色沾染了光华，里面是沉淀着的清华之气，佛像似乎显得更加深邃。在祖母看来，仿佛只有这木雕的佛像，才能赠与她对佛理的参悟。

青　菜

祖母信佛，便成了素食主义者。祖母院子的后面也种满了青菜，一到收获季节，一片青翠欲滴，让人心生欢喜。每次到祖母家吃饭时，也会看到饭桌上清一色的绿色菜肴，夹一筷子，放入嘴里，清香满口，没有油腥之气。

祖母常说，青菜是自然之气凝成的，与人的肉体是本源，吃青菜不仅营养，更是补气。

我也觉得祖母的养生理论挺玄妙，那自然赋予的绿色不就一点一滴地化为了我们身体中的精气神了吗？这是一件多么神奇而又感恩的事呀！

草木的馈赠，不仅是感官上的赏心悦目，更是一种精神的积淀，久而久之，慢慢地会形成一种洗尽铅华、淡然惬意的生活态度。

月华满地

龚巧迎

月光悠悠，洒在静谧的小路上，汇成一条河，星星映在河中，泛起点点波光。

小路上，老人微微勾着背，用手轻轻拍打背上的孩子，那是童年的我。那时的我总爱趴在外婆的背上，数着天上的星，沐浴月亮的光。

走在月华满地的小路上，我问外婆："婆婆，月亮在睡觉吗？""是啊，我们得轻轻走，别吓着她。""那星星在陪她吗？"稚气的童音再次响起，"星星是月亮的梦，她总是一个人转啊转，需要一个繁星满天的梦来陪伴。"外婆的声音柔柔的，甜甜的。而我也沉沉睡去。

等我醒来，总会看见外婆捧着一碗白糖水笑吟吟地看着我，"天天，快喝吧，看，这里面有月亮！"小小的我捧着大大的碗，趁外婆不注意，将糖水埋在路边，单纯地认为我留住了月亮，永远留住了那段时光。

年龄渐渐增长，我也很少回到家乡。而外婆总在有月亮的夜晚，轻轻走在那月华满地的小路上，期盼着那个小小身影在山坡出现。

外婆已垂垂老去，当我走过那熟悉的小路，内心充满着惶恐不安。白天的小路没有月光，留下苍白肃杀的悲凉。

走进小院，已经来了很多人，我不知所措地拨开人群挤进房间，外婆依旧望着我，笑吟吟地，手边放着一碗白糖水，她躺在床上，轻轻地蠕动着唇，我端起碗，她笑了，我却哭了，哭得泪流满面，紧紧握着她苍老冰凉的手，不愿松开。

时光荏苒，我已很久没有回过家乡，城市的月光很柔媚，但却被高楼挡住，显得灰暗。我想，是该回去看看了。

再一次踏上那条月华满地的小路，月光从老槐树中透出来，映出点点光斑，那光斑一闪一闪，我仿佛听到一个声音在耳中回荡——孩子，你回来了，记得吗？我是你当年留下的月光。我怅然，于是一遍一遍地走过小路，踏过月光。

走在那月华满地的小路，怀念我未留住的童年，怀念我未留住的旧时光。

发香让我陶醉

董雨嫣

桂花树下，我趴在母亲腿上听故事。风儿吹来，母亲溪涧般的长发拂过了我的脸颊，浓云般的发丝间隐隐弥散着桂花的清芬气息，让我瞬间沉醉。

幼时的我头发黄而稀疏，就像刚刚插上的有间距的秧苗。摸摸自己几乎是光头的脑袋，对母亲那头泼墨似的发愈羡慕得紧。我满目渴求地问母亲："妈妈，我什么时候才长得出像您那样的头发呀？"

母亲微笑着抚摸我的头，然后指着满树金黄的桂花树说："在桂花谢前，你的头发也就长出来了。"

我将母亲的回答小心翼翼地揣在心里，抬头望去，桂花正开，小小的金黄花朵，抱团成簇地挤着、挨着，在碧绿的树叶下结成了金黄花穗。院子里充满着清幽馥郁的香味，像母亲的发香般醉人。

每日天刚破晓，我便从床上一骨碌地爬起来，对着镜子在桂树下左瞧右看，可头发仍是不长，头上像是一片不毛之地。我失望至极，抱着镜子，喃喃道："头发呀，头发，你怎么还没长出来？"我又摸着粗糙的桂树皮说："桂花呀，桂花，你可别这么快就落了！"

一日清晨，晓雾未歇，桂树披着乳白色的幔纱，多像一位妙龄少女呀！我抱着镜子，一蹦三跳地到了树底下，脚下有许多金黄色的小粒儿。蹲下一看，天！是桂花！我手一颤抖，只听"叭"的一声，镜子从我手中应声坠下，镜片碎了一地。桂花怎么落了？怎么落了？我用手在头顶上摸来揉去，头发还没长出来呢！我的泪水喷涌而出，"呜呜"的哭声惊天动地，我用脚狠狠地踹向桂树，呜咽着斥责："谁让你落花的?谁让你落花的……"

声响惊动了正在做饭的母亲，她拿着锅铲就跑了出来。她放下锅铲把我抱了起来，轻轻拍打着我的背，我仍是哭泣，趴在母亲的肩上抽噎着，母亲柔柔地哄着："嫣儿乖，不哭，不哭……"

待母亲弄明白了状况，才肯定地对我说："地上的桂花在树上待腻了，想到树下来陪嫣儿玩，等会儿它们会上去的，你的头发会长出来的，一定会长出来的。"

听了母亲的话，我不再哭泣，只是睁着一双泪眼，认真地盯着母亲，辨识着母亲话的可信度。

早饭后，母亲便没了踪影。中午再见到她时，她的额上布满汗水，风尘仆仆的样子。母亲手中拿着一瓶黄色的液体和一面镜子，她把镜子递给我，进了厨房拿了一个碗，把黄色液体倒在了碗中，神秘地说："你瞧，这是菜油，镇上的老中医说这个可以帮你长多点儿头发。"说完便用她的小拇指沾了点儿浓稠似蜜的菜油，再用食指轻轻地扒开我稀少的发，将菜油顺着我的发丝渗入发根，最后用中指在发根处，画着圈圈，小心翼翼地按揉，一种凉丝丝的感觉顿时从头皮贯彻全身，油香味萦绕在我的鼻尖。

母亲指尖温和的体温，轻柔的力度，使我就像一只被主人爱抚的小猫般咧开嘴笑了。母亲刮刮我的小鼻子，也笑了。她的秀发垂到了我的肩上，是美妙而不同于油香的独特味道，那是淡淡薄雾般的清香，是触动心弦的暗香，我贪婪地深嗅着母亲的发香，不禁陶醉。

日复一日，我再没看到桂树下的落花，桂树上米粒大的黄花细碎的，密密的，一丛丛地藏在绿叶间越开愈灿。我的发在菜油的浇灌下，终于像雨后春笋般接二连三地冒了出来，镜子里的我顶着一头刺猬样的发茬儿，不好看，却让我欣喜若狂。

当最后一朵泛着鸡蛋黄的四瓣金花从桂树上迎着风打着旋儿缓缓飘下时，我头顶那植被裸露的地表，已遍布芊芊细草。

母亲的话是真的！

我深深倚偎在母亲的怀中，母亲的一缕发触到我的鼻尖，滑过的一瞬，留下的是拂之不去的幽香，令我沉醉其中，不愿醒来。

看得见与看不见

徐 暖

　　三月尾的剪刀，齐刷刷地剪去了繁重累赘的灰白色彩，给季节添上了一件裹挟花香的青衣。柔风吹开了坟前抵御不住的思念，像是边角那弥漫生机的绿意，日益葱茏，在这里泛滥，茁壮。

　　苦涩的清茗被捧在了手心。用热白开给挤兑一般之后，那些微微卷着的瓣儿，会意地睁大了眼，袭人以一抹淡淡的香气。爷爷的身影便一下子跌宕进眼眸，他捧着一只不锈钢的茶杯，茶面上浮沉着两瓣薄荷叶，他像一个耕耘了一天劳累的老黄牛一样"咕噜咕噜"地喝下一大杯。那是他劳作回来必做的一件事，我经常看见。

　　印象中爷爷是一个粗人，没有温文尔雅的气质，他的外表也是特别的——小时候患过一场天花的他脸颊上留下了病痛的烙印，这使得他的脸像蛇皮一样坑坑洼洼。而他的眼皮永远是上陷下凸，眼里永远布着血丝。

　　他真是一个忙人，扛着锄头去锄地，拎着水桶去浇菜，蹬着三轮车去磨米……他把他的时间都给了忙碌，却从不挤出那么一点儿空闲，陪我在家看看电视，在阴凉处纳凉说话。这使我想了好多次：他是不是不喜欢我？因为爷爷有些重男轻女的思想。

　　当他给弟弟包压岁钱的时候，我就更加确信自己的想法了。他抽着水烟，坐在门槛上"呼啦呼啦"，然后拿眼睛横了我一下："你是平

035

时没有零花钱吗？要什么压岁钱？"我急了，朝他"哼"了一声，扭头便走。我就知道他不喜欢我，于是就更讨厌他了。

那么健康的一个人会生病是在我的意料之外的。我总以为他的精力还很旺盛，殊不知我已错过了许多。

最后一次看他的时候，他已经开始需要注射吗啡了。他蜷缩着，像枯竹一样的手伸向我。我连忙给他掖好被子，他黝黑瘦小的模样，让我胆颤心怵。他努力睁大自己的眼睛瞅着我，好像想把他的眼睛镶到我的脸上。那真的是我最后一次见到他了。

周三的时候，妈妈到学校找我。我从教室里出来，看到妈妈靠在阳台上，朝我们教室的方向张望。隐约地一股浓郁的凄凉从我的心底涌了上来，他终究还是走了。

妈妈从怀里拿出一个青绒布的小袋子，放在了我的手里。"媛媛，这是你爷爷走之前，让我给你的，说是欠你的压岁钱。他今天八点多钟开始就喘不上气，他说他再熬熬，等你回去。结果快到中午的时候，他就不行了……"

压岁钱？我的脑海里一下子清晰起来，清晰得只剩下我冲他吼的模样。我看得见他的粗鲁，却没看到他对我的爱，那是爱啊！

清明的坟头湿润了，我看见他的身影，在这里，我的心里。

如果时间可以是一棵长青树，那么我多希望，我宁可不要看见他的爱，只希望看见他粗鲁的模样。现在我看得见他对我的爱，却再也看不到他了。

父 亲 的 背

程志凌

腊月干冷的风，刮得脸火辣辣的疼。

我和父亲在驶往外婆家的路上，两旁没有灯，墨色的天地只有摩托车前面灯光照着的地方没有被浸染。

出于对黑暗的害怕，我是很不愿意去的，不过父亲总是有着不能被反驳的理由，无奈，我只好硬着头皮上了摩托车。

越来越冷了，我把头向棉袄里缩了缩，揣在口袋里的手夹得更紧了。

"冷吗？冷就把我抱紧。"父亲甩出的一句话立即在风中被吹远。

我有些不情愿地，像小时候一样，双手环抱在父亲的腰上，头侧着靠在父亲的背上。风刮不到我的脸了，胸前还能感到丝丝的温暖。

我的脸贴在父亲的背上，似乎能感受到他大衣下搏动着的心跳。只是我感觉到它不如我小时候那么强健有力了。

父亲老了，我不得不承认。曾记得父亲的背是非常挺拔的，如今却被岁月压得有些弯了。

它压弯的是父亲啊！

父亲二十出头放下农具外出打拼，在茫茫人海里寻求生计，奋斗十几载却终落得平凡。如今父亲笑起来已经无力掩饰眼角的皱纹，估计一大半都是因为半路上蹦出的一个我。

我把头向上一仰，便看见了父亲的脖子，粗糙的皮肤呈棕色，从头盔里探出来的一点儿头发，即便是在微弱的光下也能看得见夹杂的白发。还有一些小的疤疮，狰狞地附在父亲的后颈上。

我把头更加紧地贴在父亲的背上，眼前黑暗中的起伏涌动，似乎已经蒙了一层雾。

他是我的父亲。

摩托车依旧在黑暗中行进，我伏在父亲的背上，渐渐地有些睡意了。

父亲啊，您是为了什么一步一步背负着我，累弯了背，甚至不惜青丝变白发？

眼　神

王　珏

谁来烧热，我眼睛的黑色，谁能止得住我的干渴，我会让你跌入深不见底的快乐，无法忘记我的双眼。

不知什么时候，开始喜欢一个人的时光。

喜欢一个人在房间里，随便看一些小说，然后随着里面的人物或悲或喜，或哭或笑，就像进行着一场旅行。

喜欢一个人在夜晚跑上顶楼，就这样望着暗夜中星星点点的灯光，静静地看万家灯火阑珊，体验他们的哀乐。

越是喜欢一个人待着，越是讨厌被人窥探的感觉。

"女儿，要吃水果吗？"猛然转过头，妈妈正探着头朝我房间里望。

"你今天第三次问了！"我不耐烦地转回头，颇有些怀疑地想，她不会是借着这个名头来看看我在做什么吧？于是故意转过椅背以遮挡她的视线，我最不喜欢别人窥探我。

她似乎有些尴尬地笑笑，没说什么就走开了。我心里有些莫名的失落感，是我太敏感了吗？

继续在自己的本子上涂涂画画，寻找那莫名的伤感。最近变得越来越奇怪了，似乎，总是像个刺猬似的竖起浑身的刺，想要抓紧那若即若离的一丝安全感，不经意间就这样把彼此隔开，刺伤了别人。

"嗒——"忽然桌上多了一盘切好的苹果片。"妈妈……""你应该饿了吧！"似乎不论我什么态度，她都会笑颜以待。

恍然想起前段时间，我不管做什么都仿佛感到有目光的触碰，一回头，母亲总是笑着在看我，带着一种奇怪的我看不懂的眼神。愚笨的我认为这是窥探，总是粗暴地打断她，或是恼怒地转过头掩饰，殊不知那眼神中带着几分我永远不会明白的深沉。

那眼神的沉重，我永远不会明白了。也许是如同母亲望着即将展翅离去的雏鹰，不舍但仍然会放手让它去飞；也许是带着欣慰欣赏孩子的成长，是想努力靠近，小心翼翼地进入孩子的世界……

回过神来，她又在用这样的眼神望着我，眼圈有些红红的。什么时候，连爱都需要这样卑微，这样小心翼翼地触碰，这样努力地想进入我的世界。

这样的眼神，我无法拒绝。我尽最大的努力笑着，给予母亲最美的笑颜。妈妈，以前，对不起。

泪水中，甚至看不清母亲模糊的脸，只是知道，她一定又在那样望着我。

无法忘记母亲的眼神，带着一些难懂的情感，也许，只有亲身经历过才能够明白。

所以，请不要再打断母亲的眼神，不要竖起你浑身的刺。卸下所有武装吧，尽情沉醉在她的眼眸中，你轻轻地低眉颔首，母亲都能感到无尽的幸福。

所以，请容许母亲悄悄地注视你，请在忙碌的生活中，记得回头看看，她亦会得到无比的欢欣。

清明时节雨纷纷

钟舒婷

天青地苍，风雨飘摇。孰问今安在？……春末，已是清明。

——题记

不想，清明的雨，竟是隔了半日才下。

我低头，看着雨点一点一点打在石地上，看着湿润慢慢洇开来，晕染出大朵的深色的花。

雨水从伞上急急流下，在石地上蜿蜒流转，如一条小蛇般游走。已是午后，偌大的墓园里不见人影，只有地上被雨水泡得褪色的、但依稀还残留着朱红的鞭炮纸屑无声地诉说：这里，曾有人来过。

汉白石碑，做出飞檐高瓦的模样，金字静静地嵌进碑面。蒙蒙细雨，纷纷扬扬，飘落在冰冷石板上，发出极细微的声音，仿佛有人在轻轻地叹息。

你，如今何在？

——你看，花又开好了。

那日，前院，你正蹲下身子，弯了腰去扶直一朵金盏花。釉青的端庄的花盆里，开着繁缛明丽的花儿。

真好。我由衷地赞了句，搁下手中的事物走到你身边。你眯起眼睛笑了。银发被你每日很精心地蘸水梳拢到脑后，绾着扁平的髻，插着一支簪子。家养的猫，慵懒地蜷伏在花枝下小憩，温顺而安静。

四月的微风轻似梦。

细雨蒙蒙地下，无声无息。隔着一层由窗边水珠袅袅升起的雾，我坐在昏暗阁楼的角落里翻书，猫忽然蹿进来，跃上我膝盖，打落了书本。我佯怒要用书打它，却听见一阵熟悉的细碎沓沓声，不由放下了举起的手。

你进屋，抱来一摞似刚从前院里收回来的衣物，摊开在榻上，连边角都仔细抹平，叠好，在我不解的目光中打开你那个不容许旁人轻易碰过的箱笼。

那是阿婆走后要穿的衣服。你淡淡地说，眉目间淡泊而安宁。好像那只是向我说家常话那样平常。

走？去哪儿？我警惕地站了起来。

很远的地方啊……你盖上了箱笼。

檀木箱笼上，乌沉沉的回环花纹凹凸，白铜包锁……里面静静藏着的，无端让我感到不详。

如今，你已穿着那箱笼里的衣物，去了很远的地方吧？

四月的雨下了一年又一年。

四月的风吹了一年又一年。

——又是一年清明。

你，如今可安好？

焚燃着的香高高立在炉中，灰白的香灰夹杂着细雨，为三角炉又新添了一层灰。袅袅升起的游烟，细细的，忽而被风吹散，但仍有条不紊地焚着。

你的音容笑貌仿佛就在眼前，就像那日在素净花盆里开好的金盏花。

——你看，花又开好了。

清明节时节雨，纷纷路上行人，欲断魂。借问酒家何处？有牧童，遥指杏花村。

心里住着一个小天使

　　小小的你，穿着洁白的裙子，拉着裙角，噙着纯纯的笑，天使一样，小心翼翼地转了一圈又一圈。在你干净澄澈的眸子里，荡漾着一个安宁静谧的世界。

　　你甜甜地笑，开心地帮助别人，把喜欢的糖果一粒粒地分给朋友们。夜里抱着一个布娃娃安静地进入梦乡，梦里你成了一个真正的天使，在云端唱着你最爱的歌儿。醒来的时候，你说你心里住着一个小天使，她会唱歌会跳舞，有着全世界最美的羽翼。

心里住着一个小天使

梁采涛

　　你从小就喜欢看《安徒生童话》，觉得天使应该穿着洁白而透明的纱裙，有着轻盈胜雪的羽翼，踮脚舞蹈着降福人间，呢喃出世间最圣洁最动听的音符。

　　你觉得，你应该就是这样的一个小天使。

　　于是小小的你，穿着洁白的裙子，拉着裙角，噙着纯纯的笑，天使一样，小心翼翼地转了一圈又一圈。

　　在你干净澄澈的眸子里，荡漾着一个安宁静谧的世界。

　　你甜甜地笑，开心地帮助别人，把喜欢的糖果一粒粒地分给朋友们，夜里抱着一个布娃娃安静地进入梦乡，梦里你成了一个真正的天使，在云端唱着你最爱的歌儿。

　　醒来的时候，你说你心里住着一个小天使，她会唱歌会跳舞，有着全世界最美的羽翼。

　　后来你渐渐长大了，你忽然发现原来不是所有人都喜欢天使。

　　有一个同龄的朋友对你说："世界上没有童话，更没有天使，你不要再做一个幼稚的小孩子了。"你急得眼泪都要掉下来了，抱着最爱的布娃娃和他狠狠地吵了一架。

　　你觉得世界都要崩塌，你擦着鼻涕眼泪歇斯底里地说你心里就住着那样一个小天使，你说她一直都在，永远都在。

你开始变得沉默，只喜欢一个人安静地在角落里发呆。一个人的时光里，听不到小天使的歌声，你会很难过。

岁月是握不住的沙，你到了要面对繁重学业的年龄。孤单的你，便听了家长老师的话，一心一意地学习，成了一个品学兼优的好孩子。你终于明白了世界上是真的没有童话，也没有天使。你连难过的时间也没有，就这样把那一个会唱歌会跳舞、有着全世界最美羽翼的小天使忘得干干净净了，就像那个不知何时被自己遗落在了时光里的布娃娃一样。

因为优异的成绩，你的朋友又多了起来。你学会了圆滑，学会了对任何人都露出乖巧的微笑，只因你曾经历过那样一段孤独的时光，你害怕再失去这一切。

也因为那些疼痛，你学会了武装自己，给自己披上一层又一层的盔甲，如同一座城池，深不见底，固若金汤。你那张愈发冷漠的心，在一张又一张的面具的保护下，刀枪不入，百炼成钢。

你在帮助前担心受骗，在分享前斟酌利益，从不敢相信任何人，你说世界上没有天使，所以不会有任何人来拯救你。你觉得好累好累，苦苦挣扎在这个声色犬马的世界里。

在某个明媚如春的午后，你陪着小表妹去逛商场，那个可爱的小女孩儿抱着一个布娃娃，欢天喜地地跑来跑去，恰如你当年的模样。

你看到她忽然停下，静静地伏在一个玻璃橱窗前，眼睛睁得大大的，闪烁着亮亮的光芒。

里面，是一条透明纯洁的白纱裙，在阳光下泛起梦幻般的光芒。

小表妹转过头来问你："姐姐，姐姐，你说我穿上它会不会变成一个天使？"她问得那么认真，你于是笑了："当然，你本来就是一个小天使啊。"

小表妹满意地跑开了，跑了几步，忽然回过头，唇边带着狡黠的笑："姐姐我告诉你哦，其实我心里住着一个小天使，她会唱歌会跳舞，有着全世界最美的羽翼。"

小表妹笑着，眸子清亮清亮，在她眼里的那个世界，大概是最美丽的模样吧。

熙来攘往的大商场里，没有人知道，为何有个神情落寞的少女，慢慢地蹲在了地上，眼角温润泛红。

你忽而闭目，眼泪簌簌而下。你恍然又看见了当年那个踮脚轻转的小女孩儿，竟像是隔了好几个世纪般，离自己越来越远。

你轻轻呢喃："亲爱的小天使，这么多年了，你过得可好？当年的小女孩儿没有再听你唱歌，你是否孤独？对不起，对不起。"

心里住着的那个小天使，你回来陪我，好不好？

"心里装着一个小天使的人，她便是一个天使。"

天空睡醒了

邓雨诗

不紧不慢地走在回家的小路上，成绩差得一败涂地，装着成绩单的书包压得我微微喘息，四周的黑暗让我恐惧得想要逃离。眼里噙满了泪，抬起头，想让它流回去。一眼看见了天空，它今天鬼使神差地有了莫名的吸引力。

找块草皮，躺下，呆呆看着深邃的夜幕。几颗星星出现在了黑色的天幕上，大而明亮，仿佛是天神提着灯笼在巡视那浩瀚的天街。真亮啊！我不由地赞叹道。心里却泛起一阵酸楚，也许它们就是那些优秀的学生吧，那耀眼的光芒晃得我无法睁开眼睛。

随着时间的推移，天上的星星越来越多了。双子星骄傲地眨着眼睛，如钻石般闪亮；北斗七星团结协作，构造的图案让人难以忘记；猎户星是高贵的舞者，在黑色的舞台上留下翩翩的华丽舞姿……启明星呢？脑海里闪过我最喜爱的星星的名字，却一时没有找到它的位置。按照书上的说法，先找到织女星，再往左，再……不知道费了多少周折，终于在一个不起眼的角落里找到了它。淡淡的亮色、普通的形状，只是在发光而已。原来我最喜欢的星星竟是这样的平凡。我是不是也像它一样，来到这个世界上，除了一个别人给定的名字什么都没有呢？失望气势汹汹地向我席卷而来，我感觉自己快要承受不住了。

星星很快遍布了整个天际，那晶莹闪烁的大片星群，尽情地戏耍着，洒下的光辉照亮了大地也照亮了我的泪。我不敢再注视星空，闭上眼，想起了自己的梦。

从山沟里艰难地走出来，只想把幸福带回那个落后的村落。桌上永远都是堆积如山的作业、练习，每天都是踏着第一缕阳光走进教室，披着落日的余晖回家。不记得做了多少习题，只知道用完的笔芯装满了一个袋子，草稿纸已换过多次。可是成绩依旧平平，光荣榜上末尾的名字仿佛在告诉我：你难以出人头地。

再次睁开眼，大熊星座已出现在了天际，掩盖了双子星和一些不知名的星星的光芒。星移斗转，天际不断地变换着，不断地有星星登上"星王"的宝座，大家你不让我我不让你地放射光芒。天空似乎成了一个竞技场，可启明星一直没有改变，平凡得连竞技的资格都没有。我也是这样吗？没人回答，陪伴我的只有草叶上的露水与划过脸颊的寒风。

和着眼泪睡去，醒来时已经凌晨四点多了，天空的黑色淡了一些，星星寥寥无几，剩下的几颗残星也黯淡无光，只是偷偷地睁开眼窥视着我。突然，我眼前一亮，是启明星，它变得那么大，那么亮，苦苦挨过黑暗洗礼的它显得更加生机勃勃。广漠的天幕上只有它在那里放射着令人注目的光辉，无比灿烂。我感觉心中有了希望。它越来越亮，以至于遮盖了路灯的辉煌。我的心也随着它而复苏。在长达近两小时的时间里，它的光芒不减分毫。我分明感到自己的热血要沸腾了。终于，太阳出来了，光明来了，启明星隐匿了身影。

我没有一丝失落，望着远方曙光下的路，迈出了坚定的一步。心，散去了尘封已久的朦胧……

一个人的雨季

连慧丹

喜欢一个人在窗前看雨，喜欢一个人撑把小伞在雨地里游走，更喜欢独自在大街上淋着雨狂奔。我沉浸在一个人的忧伤中，品味着一个人的孤独感，在一个人的世界里进进出出。总是坐在书桌前写自己喜爱的文字，写那些多日凝聚而成的哀伤，写自我宇宙里那些空前绝后的孤独和寂寥。我的世界总是多一个人就显得太拥挤，而孤身一人时又显得格外凄凉。

我开始写那些荒芜的文章，拿起笔，我的负性思维就自动飞跃了起来：一缕儿童的愁绪，一种少女的思恋，一场青年的横祸，一个中年人的不幸，乃至一位老者的离去……我的笔下，永远也无法写出春色的美丽和花开的芬芳。

父母从生下我后便长期在外奔波，他们早出晚归，自然无暇顾及年幼的孩子。我的记忆中只有一位阿姨看管着我，童年生活是苍白的，无力的。那些年幼时的碎片使我更加明确：家里人从未把我当一回事。即使那时年幼如我，心灵深处却已经蒙上一层灰暗，我发现，我是家里多余的那一个！

上小学了，带着恐惧感来到学校：目睹父母离去时的身影；目睹从小将我带大的阿姨随着我的成长而离去；目睹伙伴们不愿离开父母的号啕大哭……我是多么无奈！

在我上小学后母亲第一次教我过马路，我亲眼看见飞奔的汽车，第一次与呼啸的车近距离接触，第一次听见车鸣在耳畔如此清晰。但是，母亲又走了。

我不得不继续经历着无数的第一次：第一次自己回家，那是杜鹃低鸣的黑夜；第一次自己洗衣服，那是含有肥皂香的冰冷的水；第一次自己入睡，照耀我的是何等凄凉的月光……那时，年幼的我只是想：也许等我学会自理、学习好了的时候，父母就会想起我、记得我、重视我吧？于是我拼命学习，一心想要出人头地，那种渴望就像落入火坑的人拼命巴望着逃出来，炽热而又疼痛。是的，父母渐渐开始重视我了，当与父母天各一方，只能用电话来传达彼此之间的思念时；当每次拿起电话，听他们说"多吃点儿""多穿点儿"、"注意身体"时，我是多么努力地不让眼泪掉下来，我又是多么想告诉他们，我有多爱他们！

上中学了，此时，立在青春的雨季，我蓦然回首，一瞬间似乎明白，原来自己一直在渴盼着父母的关注、父母的爱，而父母原来也是爱我的。也是第一次，我如此真切而不加掩饰地思念起他们来。

是什么模糊了我的视线？是什么哽咽了我的喉咙？

雨水？眼泪？

不，那是思念，那是爱！

珍爱那一季的花开

尹梓凡

春日的午后，阳光暖暖地从窗口向屋内窥探，和着清风，远处飘来的清脆鸟鸣，拂过脸颊，唤醒沉寂在上一季的活力，有风，微凉，却不让人感到慵懒，舒适得恰到好处。

我"啪"的直起身，椅子发出沉闷的声响，一种快意涌上心头。我换上T恤衫，踏上牛仔裤，穿上运动鞋，防盗门在身后"砰"地关上。楼道里的阳光调皮异常，我张开手臂似乎能看到点点光芒融入我的身体。活动的因子在我的身体里蠢蠢欲动，逼迫我奔跑、跳跃，自由自在，无拘无束。这才是春天。

孩童的嬉闹声很吵，却不让人厌烦。小小的身影在阳光下摇摇摆摆地晃，因为一个小皮球奔跑追逐，那粉粉嫩嫩、红扑扑的小脸蛋，可爱得想让人咬上一口。再远一些的他们在打篮球，白衬衫在阳光下挥舞，那是青春明丽的招牌，球在他们手中划出优美的弧度。

可是有一个身影与环境格格不入，那个身影是静止的，在一群或奔跑或跳跃的身影里落单，伶仃地沦为陪衬。那是一个老人，苍颜白发，静静地坐在椅子上，干瘪的皮肤布满褐色的斑，失去水分的脸皱成一团，干枯的手紧紧拄着椅子边的拐杖，微打着战。她是笑着的，眯着耷拉下眼皮的眼，一脸享受，阳光依然毫不吝啬地挥洒在她的身上。

不知道为什么，我突然有点儿难过。我知道，她也想奔跑，也想跳跃，成为那些动态的一员，她也想无拘地笑，挥洒汗水，释放活力，可是她做不到，连走路都颤颤巍巍的她做不到。她所能做到的，就只是蜷缩在椅子里，默默地享受阳光。

我遇见过她。我背着书包急切地在楼道里横冲直撞，生怕迟到。她在我身后，一下一下，努力地下着楼梯，擦肩而过时，我似乎听到她在身后发出一声若有若无的叹息，冗长的、无奈的叹息。当时匆忙的我并未想太多，现在回想起来似乎明白了那声叹息的含义。

她的目光停留在那些白衬衫上，失去焦距的眼睛久久不愿移开。她在看什么呢？是他们？还是年轻的记忆？

那些鲜嫩的色彩是曾经的我们，那些挥舞的白衬衫是现在的自己，而她呢，是不是我们穿过漫长时光后的样子？谁都不愿意让自己老去，可是，生、老、病、死，我们无能为力。总有一天，面对温暖的阳光，我们所做的，就只有静静地坐着。

青春为什么最宝贵？青春的岁月为什么最值得珍爱？因为，一切都是新的，一切都是未知，我们站在年少的起跑线上，未来的一切皆有可能。我们可以奔跑，跳跃，随心所欲。

我们所能做的，就是珍爱那一季的花开，让岁月尽头的那个自己能安然宁静、淡定从容地老去。

"春天真的到了呢。"我走在回家的路上，静静地想。

就这样长大

戴蓉蓉

每一条走过来的路

都有不得不这样跋涉的理由

每一条要走下去的路

都有不得不这样选择的方向

——席慕蓉

踏在通往校园的林荫路上，正是深秋，午后的阳光慵懒地透过枯黄的叶子，投下斑驳的暗影。三年前，那些浓绿的枝叶见证着我与初中校园的第一次邂逅；而今，叶子又开始新一季生命的轮回，计数着过往的年华。

叶零落，年华落地般的感觉，悠悠然让我忆起它伴我走过的初中时光。

那年，我们都很无知，仿佛就是懵懵懂懂地过着一年又一年。那年，我们总是笑着，仿佛一切事情都离我们很远，喜欢在下课时在教室门前玩耍，追逐、打闹。那年我们不懂成长，没有过多需要考虑的事情，在"象牙塔"中安静地享受每一天平淡的阳光。

那年，我们喜欢上学校的小树林。林间给人的是清幽雅致的感觉，旁边更有一方浅浅的池塘。风起时，树影婆娑，波光粼粼。早晨会从这里传出琅琅书声，沙沙叶响。初升朝阳，是记忆中难以抹去的清朗。有时，大课间不回家，我会一个人跑来，不为别的，只是静静坐着，看落日，或者会信手翻着喜欢的杂志。低头，是曼妙的文章；抬首，是诗意的夕阳。俯仰之间，那宛如洇了水的胭脂饼一样的落日，就已然直直地坠入一溜蓬松的青云中去了。这样的岁月，简单而纯净，带着淡淡的风的痕迹。

那年，喜欢上写文章。可爱的语文老师将那些枯燥的文字组织成优美的旋律。他旁征博引，谈古说今，时而娓娓道来，时而慷慨疾言，打破了我脑海中固有的单调模式，打开了灵动的大门——原来，语文也可以这样。"我笔写我心"，发现自己也可以写出赏心悦目的文字来，可以藉它们表达我的喜乐愁苦。

那年，开始变得彷徨。时间逼着我们成长，面临初三，面临渐趋紧张的课程。我们恍然大悟，原来成长，就是做自己不明白为什么的一切。渐渐习惯，我们无法注定所有的开始，无法像游戏中的躲藏一样，逃避一切的束缚，没有情愿与不情愿，不管接受与不接受，就像一道沿袭的公式，毋庸置疑，没有人能够改变其中的任何一个数字或符号。

那年，我们渐渐长大。在这座静谧而喧闹的校园里，有兢兢业业、和蔼可亲的师长；有一起哭过、笑过的朋友；有三年青春飞扬的初中时光，镌刻着我们美丽的记忆。

回忆是残酷的，因为它无法修复；回忆是珍贵的，因为那些美好不能重播，更不能改变。如生命花瓣上的美丽花粉，风一吹就消逝了。思念像一扇关不紧的门，空气里有幸福的灰尘，行走在思念中。那些人那些事，伴我走过三年的美好时光；那些记忆，打包到人生之旅的行囊，陪我一起迈向远方。

时光难回首

季珂宇

时光的尾巴扫过初冬的寒意。

抬起头，总能望见黑板上永远擦不完的粉笔字，还有课桌上密密麻麻写满演算公式的草稿纸，忍不住想要闭上眼睛，逃离那被框进作业本里的黑白线条。想起几日前还听见有促织张扬的歌声，自由快乐得让人满心向往。

周末的时候，窝在暖意融融的被子里，不愿早起。

房门外响起母亲的声音："不早了，可以起了。"我翻了个身，装作没有听见。

门外的母亲用手拍了拍门，加大了音量："都初三了，怎么还赖床。快点儿，快点儿！"我不耐烦地把自己的头压在枕头下，想阻绝母亲的催促声。

可是外面的母亲不依不饶："快九点了，你下午不是还要去学校吗？作业也还多着呢，赶快起来！"我微微睁了睁眼睛，蹭一蹭柔软的抱枕，依旧没有回应。

外面好一阵子没了动静，以为母亲已经放弃，正安心地想要再次沉沉睡去，没料到却听见了窸窸窣窣开锁的声音。然后是窗帘被一把拉开，初冬的寒风夹杂着阴冷的水汽冲进房来，我一下子清醒了。

嘴里碎碎念着母亲这般的不留情面，也只能磨磨蹭蹭地开始穿衣梳洗，然后面对课本作业，心里一下子想到了从前，低声感慨着那些安然的幸福、任性，以及被呵护着的时光，像不知忧愁的促织，一日复一日地快乐着。

下午，学校的小阶梯教室。

科学老师发下了那张几周前的测验卷，鲜红的错号和分数在白色的卷面上显得格外清晰和狰狞。对比着周围同学的成绩，我默默地安慰自己，其实这并不算太差。然而转念想到那几个令人惊叹的高分，心情又不由得低到了尘土中去。

回到家里，狠狠地甩上门，然后把卷子揉成一团掷在了书桌上。母亲推门进来，瞥了一眼我的卷子，倒是带了点儿幸灾乐祸的语气："考砸了就生气，这怎么行？成绩和努力总是在一起的，天天想着赖床怎么能考出个好分数来？"

我气冲冲地瞪了母亲一眼，看她走出房间，又盯着那一团试卷愣神。韶华总是在悄然流去，我怎么不明白，成功要由汗水来换取，只不过自己贪恋着那一刻的安逸。再回忆起促织的声音，发觉太过聒噪，也太过天真，光阴怎么经得起我奢侈地挥霍。

抬头已经能看到这段青葱岁月的尽头，母亲说得没错，我怎能学着那促织去肆意年华，落得寒至而亡的落寞下场。坐在台灯前低低地浅笑，我伸出手去抚平了那张卷子，然后紧紧地握住红笔，说什么也不能将遗憾留到来年，再去叹息今日的荒废了。

时光难回首，岁月不能留。

温暖的守候

戴慧哲

雨季到了。

不知怎么的，老家的屋里突然停电，我的笔记本电脑用不了了，恰好也没有带多余的书，我就倚在大门的红漆柱旁，看着从房檐上聚饱了的水珠打落到地面上，碎了，再弹到我的鞋子上。

"妮儿，"我一回头，舅妈放下正择着的菜，走过来说，"咱那镇子北头新建了个图书馆，你要是觉得闷，去看看吧！"

"图书馆？我去！"我打起伞，换上双凉鞋，就跑了出去。

"我就怕下雨不开门啊……这孩子啊，慢点儿跑！"舅妈喊道。

图书馆，是开着门的，但因为下雨，几乎是没有人来。

阅览室里空荡荡的，只有图书管理员坐在一边静静地读书。

我走到靠窗户的一侧，也坐下看起书来。

天色晦暗，书本中却灯火明亮。

静谧，却又不失我与那位管理员翻动书页的微妙窸窣。

好柔软的时光，就在我刚好抬头一望，那位管理员也碰巧望着我，就在我微羞那一瞬，她雍容大方地冲我一笑，那眼角温柔带着母爱的光芒。我以笑回应，她点头示意我继续读书。

就是那一秒，我心里像是披上了一层暖暖的外套。不知怎么的，心灵蓦然有了着落，有了依傍。

已经六点钟了，我想应该是到七点钟闭馆吧，舅妈已经发来短信催促我回家了，但我还不想回去，书还没有读完。

更重要的是，那个温柔的管理员阿姨在我走后，一定会很寂寞的吧，或许，有我在，她至少会觉得她的存在是有意义的，在这样下雨的天气还有人会来图书馆，她会很欣慰吧。

就这样，我一直看书到八点钟。灯光暖暖地烘着书本，每个字的墨迹像是闪着光一样，还没有闭馆，不过我还是要走了。

我轻轻地将椅子摆好。

管理员阿姨注意到我的动静，缓缓起身，微笑着看着我离开。

走出图书馆，雨已变得淅沥而轻缓。

图书馆阅览室中暖暖的鹅黄色的灯光映出管理员阿姨的身影，她认真地擦起桌子，扫起地板。

"妮儿！"

我一转身，是舅妈，"你怎么还在这儿，可急坏我了，这图书馆六点钟就关门了啊……"

六点钟就该闭馆了吗？

管理员阿姨的身影依旧摇曳着，在这样的雨季，袅袅动人。

其实，不用祈求这世界上每个人都能够懂得自己，珍惜自己并为自己守候。其实，不用期盼自己珍爱的那个人一定要等待自己，因为这世界上一定有太多太多的门愿意为自己留着，有太多太多的陌生人愿意为自己守候着。

平凡的幸福就存在于一瞬，你往前一步就到了。

舅妈拉着我的手走了，我们走得很慢很慢，直到那暖黄色的灯光消失不见。

心中的树

张紫瑶

每个人的童年都有一棵树，一棵会开花的树，开在最接
近阳光的地方，开在心田上。

——题记

至今，还记得那棵树的香，还记得她。

小时候，父母工作都忙，住在一个大院的她便成了我终日的玩伴。院中央有一棵树，叫合欢。不知是什么时候栽的，也不知是谁种下的。但它却成了我们平日里嬉戏的好去处，我们在树下藏着各自的"宝贝"，在树下玩泥巴，糊得满脸都是。现在看来，那时的我们有点儿"傻"。

合欢是开花的，每当花开的时候，每一朵花似披着霞衣的仙子，婀娜地、曼妙地、飘飘悠悠地坠下来，轻触泥土，这不是生命的终结，而是另一场旅途的开始。零落的粉，摇曳着一地的灿烂。我们总会不谋而合地相望一眼，拾起一朵，夹在手中间，轻轻一撮底部的小茎，缀着鹅黄色花心的花就飞了起来，细密的流苏在风中飞舞，就如同是柔韧性极好的芭蕾舞者，用动作缔造着美丽，用肢体书写着人世间的爱恨情愁。

每当花快要落地的时候，我们不甘心纯洁的花朵受到玷污，争抢

059

心里住着一个小天使

着把它重新吹上天，扎着小辫的头高高地昂着，噘起嘴，一丝轻气自口中吞吐，望着花满院地飞。现在回想，这是一种玩乐，还是一份真挚的追求?我与她一起疯狂地追着，直到花停在了屋檐上，在瓦楞与瓦楞间的槽里静静地躺着。我欣喜的神情忽地黯淡下来，但她却拍拍我的肩说："没事，她是累了呢。""是啊。"我应着。我看见她看着栖息于屋檐的花，痴痴地笑着，她的笑很美，像天使一样，没有一点儿杂质；她的笑里有话，仿佛是对花的怜惜。花开花落，向来只是平淡，在她眼里却是生命的梵唱。

但没过多久，花败了，人也散了。

她随她爸爸走了。

她离开了这个我们拥有共同回忆的小院。没有人陪伴的我天天趴在窗户上，呆呆地盯着掉了一地的花，渐渐泛黄，渐渐枯萎，只留淡淡余香缭绕在鼻翼。

院里住进了别的人，但树没变。树上树下有着我与她的一段童年。那个记忆，没有电视、电脑，没有玩具，只有树。那棵树，也记下了我们的点点滴滴、平平淡淡，留下我们稚嫩的印迹。

前日里，偶然看到一篇关于合欢的传说。相传合欢原叫苦情，本是不开花的。这树是一个叫粉扇的女了种上的，她的夫君进京赶考许久未归，粉扇朝也盼、暮也盼，日渐消瘦，来年春天便香消玉殒，临终前仍期待夫君归来，苦情终于花开。人们为了纪念粉扇的痴情，便将苦情树改名为合欢。

粉扇与夫君有情，是爱情，我与她也有情，是友情，质朴的友情。

自那以后，生活里似乎再没有过合欢，再也没有见到合欢纷飞的场景。昔日场景却永远存在脑海里，那粒友情的种子也埋在了心里，埋在了心田的一方净土。

闭上眼，不愿谛听外面的繁杂，眼前宛若又出现了十多年前的那一幕幕。我们立在树下，两个小小的影子被斜映在地上，从未见过合欢花开，我们都按捺不住，伸出双手想拥抱它们，想像一个仙子一样享受自然的"花雨"。我们手牵着手，小心地踩在铺满花的地上，步履轻轻踏过，是棉花糖一般的质感，不再有过多言语，那一颦一笑便是友谊最好的见证。

心中有一棵会开花的树，我默默守候着它，守着它开花，就如同看到她。花开，花香弥漫。这是我与她的树，永不凋谢！

停　靠

高冷月

这是我生活的小城。

不大，却别有一番风情，停靠于此，便也能发现醉人之处。

最想停靠于清晨的小城。当初阳洒落第一缕金黄时，这小城便微微苏醒过来，带着花开的声音。

清晨的空气中弥漫着轻薄的雾霭，似一卷丝绸温柔地萦绕心间，早起的小贩已开始张罗着准备开张。早点摊前的蒸蒸热气模糊了行人双目，氤氲着独特的乡情，狭长的石板路上还鲜有人走，空荡荡的街道凝聚着时光的尘埃，使人忘了今夕何夕。

天一层一层地被揭开了厚重的帘幕，渐渐地泛出了淡淡的蓝，似还掺杂着点儿藏青。两种色调本相差甚远，可如今在这小城上空却被调和得这般和谐，澄净得几近透明，似是隔绝了小城外的纷乱，只留一抹宁静。

最爱停靠于傍晚的小城。阳光斜斜地照射在小城上空，带着微微暖意。漫步于幽静的林荫小道间，轻抚树干粗糙的皮肤，倾听树根沉重的呼吸，依稀忆起幼时，这树还未有这般高大遒劲，枝叶还未似这般浓绿茂密。芳华逝去，如今竟也有冲天之势了。阳光照得后背痒痒的，只见自己的身影被越拉越长，直至与那树根相连。

夕阳只照亮了半边青空，那一半，光芒逐级递减，直至那浓厚的藏青化不开夜幕的灰暗。太阳还未隐去，月亮就已迫不及待地挥洒银白色的光芒，将天空渲染似一幅浓墨重彩、疏密有致的水墨画卷。

最爱停靠于微雨的小城。我的小城不似江南霪雨霏霏，更不似东北大雨滂沱，它的雨是极细碎的却又短促。撑起那把古朴的油纸伞，在这细雨碎碎的日子里行于长巷之中，倒也期望能遇见那似丁香般的姑娘。

是她！是那个姑娘，只是异于水乡的吴侬软语，她爽朗的笑声回荡于雨巷，那熟悉的乡音似这串串雨丝包裹着心房，那样亲切。她是杜鹃，比丁香少了点儿幽怨，多了些清新。青石板凹凸不平，雨水冲刷着，润白着。水汽朦胧，模糊中，那狭长的巷子似乎永无尽头。

天是灰蓝灰蓝的，像鸽子清澈的眼眸，诉说着无尽的哀怨，雨丝在空中缥缈，打在脸上，虽冷，却轻柔。这是小城历史的沉淀，是乡情浓重的寄托。

陶醉在屋后的那块地

陈茜茜

　　鲁迅先生的百草园是他儿时的乐园，那里的生活给他无限乐趣。而我的乐园并没有那么优雅的名字，我经常说的一句话就是：我要去"杂七杂八"那儿，怎么屋后的门又打不开啊！

　　"杂七杂八"其实是我随便叫的，它就在家的屋背后，那块被房子挡住阳光的地方，一年四季都阴凉凉的。不过"杂七杂八"这一说法也不是随意捏造的，因为这里的每一棵树，每一株草，都是自然而生的，没有经过任何人工的栽植与修饰。最西边有一棵比两层楼房还高的桑葚树，是我最钟爱的。可惜的是我对树龄还没有深入的研究，一直不清楚它来到这个世界到底有几十载了。每年的五月，桑葚树就要结果子，紫黑色则是果实成熟的标志，每每这个时候，我早上起来的第一件事就是看看桑葚能不能吃了，就算明明知道青果的酸涩也想尝一下，就算大人板着个脸说吃了肚子里会长虫子的也想冒一次险。

　　这块地"种"的最多的是狗尾巴草，到处都可以瞧见它纤细的身子在风中摇曳。那刺刺的圆柱状纤毛是捉弄别人的好道具，我就常常在狗尾巴草中东看看西找找，寻一根大约能到我胸前那么高的狗尾巴草，那样总有一种成就感。大约在狗尾巴草遍布的中央位置有一棵梨树，这棵树长得很是奇怪，最底下的主干还挺正常，竖直朝着天，后来一个主要分叉长着长着就斜到与主干成九十度角去了，之后这棵树就一直沿着这个九十度角的趋势往那长，乍一看，这不像是正压着腿的芭蕾舞演员吗？这棵树结出的梨个很小，还没我拳头大，它的味道也不算香甜，解渴倒还有用。

为了让这块地不至于荒废，家里人还种了些香瓜，于是除了找狗尾巴草，我的"工作"还多了一项找香瓜。这些香瓜"躲猫猫"的技术顶好，它或许在硕大的藤叶下面，或许在狗尾巴草聚集的地方，或许就在梨树后偷笑，也或许就在一块空地上躺着吹风，以此来验证什么叫最危险的地方就是最安全的地方。

还有很多不知名的花花草草也爱往这儿冒，黄色的五个瓣的小花就经常借着它外表的鲜丽吸引我的注意力，不过没准在其中一瓣上正隐藏着一只可恶的毛毛虫，还是小心为妙。

太阳落山时会有一点儿光洒在这块地的边上，但那儿反倒没多少植物。谁说没有阳光就不能存活，这些植物——我的朋友们，一样可以像阳光下的同类那样生存，从发芽开花到结果。

在一块没有阳光的地带生长着的生命，它们的灵魂也许更加可贵。

田野的微笑

程志凌

也许我真的只是不经意地转了个身，便走进了那被小镇抛弃了的田野里。

小道还是那条小道，阳光洒在上面，两边已经因春的到来添了一些绿草。我曾经是很清楚地记着这条路的，这是通向大伯家田地的道路。记得一开始，我是被抱着，蹭着大伯有些硬的麻布衣经过了这条路。后来是一只手被牵着，另一只手拿着蚱蜢之类的小虫当玩具。那个时候的我一点儿也不像其他同龄孩子一样怕虫子，只觉得那青绿色的小东西似乎藏着无尽的乐趣，虽然到我手里十有八九就是没活路了。再后来我便经常是被哥哥用自行车驮着，飞一般窜过不太宽的小道，到了田里车子一歪便去寻那无尽的欢乐了，总是不到夕阳拉得影子有两个人的长度绝不揣着快乐与不安的心回家。

而现在我是还没放下书包就走了进来，记忆有如被泼了彩色颜料一般忽地明艳了起来。

我继续向前走着，找回丢失了很久的东西，这让我感到很快乐。

视野忽地变开阔了，风吹过来都能清晰地嗅出里面泥土的味道。田野里的油菜刚刚开出两三朵羞怯的小黄花，似乎只需要再加一点儿劲，这些黄绿相间的小家伙们便又会给田野染上大片大片的金黄色。

记得小苏是我们一群人里最爱在油菜花中间窜的，身上总是带着黏黏的黄色花粉引得大家哄笑。他总说油菜花里有股很像橘子味水果糖的香味，但却没有一个人和他有相同的感觉，便一个个边用手指划脸蛋边说他是小骗子。

小苏到底是不是骗子呢？直到现在我还是不知道。那油菜花倒是什么都不管，只顾一年又一年地开放，浑然不觉又滚过了花开花谢多少轮回。

我沿着泥土路，走到了小溪边的田垄上坐下。阳光暖暖的，晒得泥土有些懒散地起了土皱儿，我寻了好久，才发现身旁少了那棵大桑树的绿荫。记得以前小苏在这棵树上摘桑果时曾掉进水沟里，脑海里又突然浮现了他那副狼狈样。

我突然想笑出来，转过头，却看不见任何一张脸。我又转回来，空空的溪水哗哗作响。

我看向前方，是正蓬勃生长的油菜。再前面，便是钢筋混凝土筑成的学校了。

该走了，虽然有些失落但不枉走一趟。

因为它让我知道，无论心有多么累，始终有那片田野可以随时让我涉足，当我疲倦时，田野就在我身后，微笑着。

067

以平常心生情味

王芷榅

保有一颗平常心，终究还是最难做到的。口中说着"平平淡淡才是真"，却总有些什么放不下——但一旦放下，才知道原来心上终可以开出"情"的花朵。

小时候看不惯春去秋来，总想手里永远抓着春的美好，执拗着不要秋的萧条。那时可不懂"平常心"的道理，我想要心里全部填着美好。于是每一次春花夏叶的落尽都在心里重重刻下感时伤怀的痕迹，直到有一天心里再也容不下更多的感伤才明白过来——原来这春去秋来谁也不可抗拒，只有以平常心去看待，才不会太过在意季节的转变。

从那时起我心上渐渐生发了对自然的另一种情。不再是放不下那些瞬间的美丽，而是怀揣一颗平常的心。因为我渐渐懂得，以一颗平常的心去看待那些美丽时，才会知道它们虽在此时离去，却在某一天仍将重返。

有一年夏天在陌生的城市迷了路，钻进了错综复杂的小巷再也找不到出来的路，焦躁烦闷窜上了心头——但我扭头，看见了身边的绿荫白花，听见了鸟鸣蝉声，一派祥和。心渐渐平静下来，似乎迷路也不再是什么大不了的事了。我细细打量着周围，似乎看见了每片叶子上反射的那一点点阳光，看见了每片花瓣在微风中轻颤，它们唤醒了我的平常心，熄灭了那一股焦躁与烦闷。那一点点情味，由心底生发出来，仿佛是在责怪我的太过急躁，又仿佛在叫我细细品味这困境中的风景。风景、情味，交织着。

以平常心生情味，生出对美好的怜惜，柔软了心灵，除掉了挂碍，奏成一曲美好的赞歌。

而如今我坐在这里，感觉到左胸膛的地方心脏在有力地跳——一分钟七十次地宣告着我的存在，尽管渺小，仍旧不屈。一直以来都在以平常心看待着生命与自己的存在，而现在终于可以平平淡淡地去看待一切，不计成败，而是以那由心底生发的"情"去对待这世间万物，无论是淡然、怜惜、珍重、感谢……

以这样的一颗心，我终于能淡然地静观得失，珍重怜惜这万物的美好，以及去感谢生命本身，这便是那一颗平常心上绽放的点点"情"的芳华。

这一颗心在宇宙洪荒里该是怎样的渺小啊！但它对我来讲，却又是怎样的独一无二啊！那朵朵因平常心才开出的"情"的花朵，终究是我最珍视的。

跳动的声音仍旧不停息地传来。就算是有一天它停下来的时候，我想，我也是会拥着那点点因平常心而盛放的"情"味微笑着离开吧。

这平常心所生发的"情"，会陪我一直走下去，直到更远的地方。

069

何时再共听一曲似水流年

缪静

　　我相信，你一定会遵守千年的约定，一起到，说好永远的约定。

　　　　　　　　　　　　　　　　　——《沙罗双树的誓言》

　　我，对彼岸花痴迷着，她躲在草木丛生的水池边，纤细柔弱的风情，使我不知不觉失神，可她还有许多唯美的传说。花妖曼珠与叶妖沙华将她守护，却永不能相见。"彼岸花，花开彼岸，花开时看不到叶子，有叶子时看不到花，花叶两不相见，生生相错。"我不愿，与你相错，流年似水，但永不离。

　　仅仅只是一面，便互相占据了心，你的眼眸中碧波荡漾，似乎可以轻易透视心底。年岁虽小，友情仍长。那时玩耍的游戏不多，我热衷于跳橡皮筋，你则被五子棋所迷，短短两天，我们便各自技艺炉火纯青。正午，是我汗水淋漓之时，也是你静心思考之时，但，你却一改心性，加入了我的"阵营"，生硬的动作，如雨的汗水，难堪的苦笑，你白皙的面孔早已发红，却别有一番气韵。你的目光不时落在我身上，仿佛向我倾诉：与你相伴，可好？也许在教室中下棋也很好，即便只是黑白的棋子，也会绽放出友情的光芒呀！

　　世上没有不散的宴席，你我亦是如此。

在初中这条十字路口，我们的手一点点分离，只留下手心仅存的温暖与自己眼中对方渐渐迷失的身影。有人说，灯即是等，故此花灯有等待守候之意……我愿意等待你未知的归期，纵然那只是苍茫。不会太久的，我们一定会相见！风陌无言花易落，放灯清波上，我举杯敬月，笑问故人何时归，无人相对，徒留寂寞与我相依相偎。

对着你那灰色的头像，似乎浮现了你的回眸一笑，你的QQ签名写到："下辈子，我要做洋葱，谁欺负我，我就让谁泪流满面"，我想你一定在新学校受了欺负，不过，你做洋葱，我便做调料，这样洋葱丝也香甜可口呀！

你很喜欢蒲公英，你说蒲公英的花语是停不了的爱，无法停留的爱。传说，蒲公英爱着风，只要风一召唤，它就会心甘情愿地跟着风走，哪怕离开心爱的大地。可是它永远无法陪伴风，一旦风停了，它就会从高空中跌落，很痛，却不后悔！这也许就是你吧！没有谁能滞留你的脚步，即使遍体鳞伤，你也要活得精彩。我想成为大地，在你痛时，给予你依靠。一抹淡淡的色彩，遮不住浓浓的情怀，缓缓飘飞的羽屑，阻不了切切传达的怜爱。蒲公英的飘洒，不是孤独的流浪，而是生命的延续，是融和自然的本色。我时常折下一枝蒲公英，让长风带走绒毛，朴实的它，寄寓着儿时与你的欢乐，无华的它，带去我飞到远方的思念……

在时光这条河上，撒下许多璀璨，还有你我的约定：不管多久，都不允许忘记对方，以后一定要相见！

这次约定，我们一起履行……

在温暖中长大

张紫瑶

回望自已的过去，就如同看一部制作精良的影片，真实而不乏精彩。

回忆那段因函数而沉沦的日子，自已真是又疯又傻。会因为解不出来题而哭得稀里哗啦，临近崩溃；会因为一条看似平常的射线而把头发挠成野草……从来没有觉得这般无助。

午后，窗外阳光静好，投在课桌上，我慵懒地俯在桌上绘制图象，眉头紧锁着，心情逐渐降到冰点。老师悄悄而至，慈爱地拍拍我的头："数学不能死扣字眼，要抓住关键。"她纤长的手指握住笔，耐心地从读题、审题、列式、计算为我一一讲解。手与笔组成的光影在桌上移动，似一只翩跹的蝶，穿梭于花丛间。

心里暖暖的。

模拟考又败在最后一题上，心已死却又不甘，后桌捅捅我的背，"嘿，别愁眉苦脸的，放宽心，又不是期末考。"扭头看到一张灿烂的笑脸，像一株盛放的向日葵，是那种明晃晃的亮黄。

心里暖暖的。

独自躲在房里抽泣，甚至生出一种莫名的绝望。妈妈推门而入，"孩子，从哪里跌倒就从哪里爬起来，越是怕就越不能怕，有很多事是必须强迫自已去做的。"夜黑得空落落的，偶有几颗星眨巴一下，天空竟也愈发璀璨，直至满天星辰——

心里暖暖的。

我做题，已经达到一种忘我的境界。现在的我才开始明白为什么自己会有如此大的毅力，是因为那些温暖，是她、她们给我的温暖。

太阳不可能永远射向同一点，人生自然不可能永远朝向光明。

只有冰冷过才明白什么是温暖，只有失败过才明白什么是成功。

温暖这种东西，无形中给我动力，让我坚硬了稚嫩的双翅，让我成长。

蚕在温暖中更易破茧而出，我同样在温暖中慢慢长大，心智慢慢成熟。

我不再会轻易被击垮，因为我在温暖中长大。

蝶 舞 未 央

陈振华

　　秋，一切都显得萧瑟憔悴。枯黄的草丛和落叶交织在一起，蜷缩萎靡的样子甚是可怕，静谧的四下只有秋风籁籁的声响！

　　这绝望的阴影中总是潜伏着一缕令人愉悦的惊喜。回眸间，竟有一只小小的蝴蝶在独自起舞，闪着磷光的翅膀不紧不慢地拍打着，宛若一朵圣洁的雪花。它在花草上轻轻亲吻一下，又随即飞走，那样若柳拂风，好美……

　　凄凉的草地瞬间变成一方空旷的舞台，我大步流星地跟随它。"起舞弄清影，何似在人间"，它与唐代华裳雪羽的美人有何分别。霎时，我拿起唐筝为其倾弹一曲，可惜我弹不出它美的万分之一。这位孤独的舞者，在这没有灯光、没有奏乐、没有观众的舞台上独自奉献着那美丽的舞姿……

　　这只渺小的蝴蝶竟征服了我！它如风中之烛，从出生至现在才细细享受那姗姗来迟的美丽，秋风只是在无情地吞噬着它微小的生命，但却带不走它高贵的精神。它不遑在人们面前表现自己独有的美丽，只是在旷野悄悄舞弄它的身姿，不经意间，已不辞而别。

　　孤独的舞者，稍纵即逝，陌陌前路，何处蔷薇？只晓得在那幽暗的墙角，有朵欲绽的花苞，在等待属于它的蝶。

　　花儿未绽，蝶舞未央……

文艺女孩儿

魏 桢

这种女孩儿，就属于那种典型的一到大街上就找不到的那种吧？

她是那么普通。

一头乌黑的短发，乖巧地衬托着她白净的脸庞，似男孩儿般的关刀眉被天生的刘海儿偷偷掩住，她那双黑玛瑙般的大眼睛中悄悄流出点点不易察觉的光芒，可偏偏又被白框眼镜遮在镜片之后。才刚过一米五的身高是那么平凡……其实，那个女孩儿就是我。

不过呢，嘿嘿，如果以貌取人的话，您可就大错特错了。

别看我一副瘦弱的样儿，其实呢，我可是一个多面少女。

自称文艺女孩儿兼艺术狂人是也。

不知你有没有见过像我这样的文艺女孩儿？

书香，伴着淡淡的奶香。

我总喜欢趴在地上，可怜的风扇则在我身旁有气无力地旋转，一大杯尚存冰凉的牛奶在残风中将香味一次次递入我的鼻子中，微微泛黄的页面微微抖动，指尖轻轻划过书页，我恋恋不舍地摩挲着略有些粗糙的页面上那一行行优美的文字，口中喃喃着，不住地点头。

一小口一小口慢慢地品尝着我最喜欢的牛奶，牛奶独特的香味缓缓流下喉咙，那一本书也在指尖翻弄下即将走到它的尾页。

放下一直紧握在手中的杯子，开心地躺在地上，感受着瓷砖的冰凉，总会莫名地开心，疯狂地大笑。

呵，没见过边喝牛奶边趴在地上看书的"文艺女孩儿"吧？

那算什么！还有的是让您大开眼界的！

一个学习了六年绘画和书法的女孩儿，要在什么样的环境下来完成一幅满意的画作呢？

别人我不知道，反正我自己是绝对的例外——

如果在周末的大白天，你经过×路×栋旁边时，听到让你在几十米开外都能听到音乐声，别担心，很有可能就是我这个其貌不扬的女孩儿在绘画呢！

只有配上我往日爱听的音乐，开到极大的音量，我这个奇怪的少女才会满足地摊开画纸，一边开始构图，一边不成调地轻轻跟着歌曲哼上两句。摇晃着被烈日烤得有点儿黝黑的双腿，活脱脱一个进入癫狂状态的机器人。每次画完一幅画，我都会兴奋好一阵子，因为自我感觉实在良好得不行。

不过，别看学了六年的画画，我还停留在一幅漫画要耗上半个小时的阶段。

老顽童爸爸几次嫌我吵醒了他的好梦，于是他索性不睡，天天在我后面装腔作势地对我的创作做出点评。

"又半个小时了啊，魏桢，"爸爸好笑地看着我仍在拿着橡皮，"如此高分贝的音乐，为什么激发不出你的高效率呢？"

我假装愤愤不平地看着爸爸："因为我拥有着无与伦比的高质量！"

看着爸爸因我的话语而做呕吐状，我总是禁不住哈哈大笑。

这就是我。

一个喜爱文化、癫狂于艺术的我。

也许，真的如开头所说，我原本就是一个坠入人海中找不到的女孩儿。

但是，我瘦弱的身躯中，普通的长相后，拥有着独属于我一个人的缤纷色彩，拥有着独属于我一个人的精神光芒。

没错，这就是我。

沉　香

程亦凡

酿在白瓷瓶中的时光，岁月之中沉淀出芬芳。

不过是一盏白瓷，不过是母亲掌心一汪白色的柔香，可就怎的，偏生这样让我如此着迷。

"雪花膏"，旧时人们这样唤它，我自幼对它生出的喜爱，大抵也是因了这柔软的名字。瓷瓶就那样独自立在窗边，除却瓶身上一朵描金的小花，再就是素白。光线透过瓶壁映出瓶中起伏的轮廓，曾望着它出神：那里一定藏着一座雪丘吧，我这样想。

冬日的清晨，温热的毛巾在面颊上做些许的停留。那些打着旋儿的热气在眉眼前还未散去，就跑到母亲膝边，吵嚷着让她替我搽雪花膏。急急地跟住母亲的脚步，跟着似有若无的香气。母亲抬手取下窗台上的瓷瓶，我高昂着脸，也不觉踮起了脚尖，我睁大晶莹的眼，注视母亲指尖的轻旋。是怎样一种满心虔诚的期待。母亲食指轻拂，带起一指白雪样的稠霜。她蹲下身子，芳香游离在眼前，我却紧紧合上双眼。

香气切近，感觉到她灵巧地点过我的鼻尖，留下些滋润的星点。

香气弥散，感觉到她轻柔地拂过我的粉面，布下整片暖柔的香甜。

童稚的我，几乎把这一切当作仪式一样地完成。即便是每日每日，那样丰沛的向往也从未感到疲倦。我小心守护着这样的清晨，小心守护着在面庞上绽放的几丛融雪一样的花朵。

于是昼夜在这香气的拥覆之下，交替。

那段初长成的日子，且与疼痛泪水相伴。尝了太久失败的苦楚，于是在一个秋末的傍晚，所有的失望与悲伤，喷薄而出。迎风坐在路沿，被泪水浸湿的脸颊被风吹得生疼。忽觉凉风渐缓，是她，至我眼前。并没有安慰的言语，她贴近了我，我下意识地闭上眼，微张的余光里我望见她指尖轻旋，忽而那种久违的、心如满帆的期许，重归心底。

"还记得这香吗？"她问。

我并没有急着睁开眼，奇怪的是，这一次，我并没有感到花朵贴近开放的娇柔幽香，我潜心感受那乳白的温存在我垂泪的眸边缓缓融化。我开始明白，这是母亲为我埋下的种子，在日后久长的岁月里，将由我亲手呵护它，慢慢生长，缓缓开花，成为越来越好的自己。

在这如影随形的香气里我开始渐渐懂得。在孤寂和苦难之后，仍可以选择带着希望和勇气上路。就如哭泣过后你仍可擦干眼泪再描一张精致的妆容。就如日子苦涩，你仍可酝酿香气再开一枝香甜的花朵。需保持那颗心，坚硬又柔软，始终如鼓足了风的满帆，带着所有既来的故日和未经的岁月，高傲地向前航行，以美丽的姿态。

沉香时光，来日方长，历久弥香。

吟 唱 书 香

揉 懿

　　家有书房，里面虽没有如兰似麝的奇珍异草，虽没有价值连城的昂贵香水，却是家中最为芬芳扑鼻的地方。因为这里，有着数百本厚重的书本，发黄的卷页散发着甜润的清香，浸润着幽幽的芬芳。因为书香，让这个狭窄的天地充满了诗意；因为书香，让这个沉闷的空间充满了温暖与生气。我愿将书香吟唱，传达出生命中最清澈的欢畅。

六岁——

　　不谙世事的我在书房摆弄着一本厚重的书。我还不怎么识字，对于书名也不认得。只是觉得这烫金的大字很好看，熠熠闪光。上面的图画也非常精美，碧绿的枝条，深棕的马儿，鲜红的礼服，闪耀的繁星，色彩鲜明，人物生动。我轻轻触摸白色的封套，让光滑的书皮在指尖轻轻摩挲。斜斜的阳光轻洒，便是悠然游然。

　　那天晚上，在床头，妈妈捧着那本书，轻轻地念着一个又一个优美的故事。我躺在床上，好似倾听着一泓汩汩清泉，从山间倾泻而下，发出动人的乐曲。我在故事中迷失了自我，沉浸在那童话般的琉璃世界里。故事讲完，我却怅然若失。

　　就这样，初闻书香的我，陶醉在书香浓浓的清新里，迷醉在书香的诗情画意里，不能自持。

十岁——

这样的年纪，应该已经懂得看书了。而我，早已在书页的芬芳里沉醉。每天回家，我最爱做的事便是将自己关在小书房，取一本书，便醉倒在春风里，醉倒在书本的诗情画意里。那呆板枯燥的方块字，因为书香，却成了一个个飘逸灵动的精灵。那散发着的油墨清香，犹如一掬清水的澄澈，在小小书房幽幽散漫开来，弥久愈香。

我已经不再单纯地关注故事情节，更会深入考虑作者的心境，人物的情感，与故事的深意。泛黄的书页并不仅仅记载着单薄的文字，还浸润着人物的爱恨情仇。在深刻地体味文中的真谛之后，我常常会如痴如醉，热泪盈眶。有时，发怔得被叫半天才会反应过来，真是"衣带渐宽终不悔，为伊消得人憔悴"了。

再闻书香的我，痴迷于书香深刻的寂寥愁怨，怅然于书香蕴含的悲欢离合。那时的我，觉得身边只要有书香陪伴，便是幸福。

昨天——

家中又新到了一批书，我欣喜地站在桌前，摸摸这本，碰碰那本。虽然未曾读到里面的内容，但觉得触摸便是一种幸福。触摸书香，就是触摸作者的爱恨情愁；触摸书香，就是触摸书本的飘洒灵动；触摸书香，就是享受温暖的方块字在指尖飘动的生气，享受人物丰满鲜明的身影在手掌悄然绽放的温暖。触摸着一本又一本的新书，在不经意间，一抹淡淡的微笑在我的嘴角发芽。

如今的我，早已闻不到书香了。"久入芝兰之室，而不闻其香，及与之同化。"书香，已经深深地渗透到我的灵魂里，与我融为一体，在我的身体里散发淡雅的芬芳。

今天——

我坐在书桌前，安静地写着这些文字。书香在我的心灵中绽放出一朵深谷幽兰，再在指尖悄然泻下，化作一个个灵动飘逸的文字，化作一篇篇锦绣文章。书香，以另一种方式，在我生命中继续闪耀出夺目的华彩。

在漫漫的人生旅途，我一路走来，一路采撷书的果实；在成长的路途中，伴随我的除了挫折，还有如影随形的书香。茫茫人海，我不过是一粒微尘，但我坚信"腹有诗书气自华"，我坚信书香的温润与深刻会陶冶我高雅的情操。透过蒙蒙细雨，我与书执手相看，在心灵的芬芳中品竹调弦，吟唱一曲书香的赞歌。

最后的儿童节

何婧怡

雨就那样猝不及防地从天而降，将世上的所有一切都罩进它那张铅灰色的大网中，无休无止不穷不尽地越落越大，打在尘灰漫布的窗棂上，洗刷出它原本的干净明亮。

我原本是不该去注意这场雨的，因为它恰巧下在数学期末模拟考试的时候，下在我们最后一个儿童节这一天，它将我的注意力成功地从错综复杂的几何图形上转移到了教室外的墨雨如帘之中。那儿正充斥着整片的嘈杂与混乱，谁会想到刚刚还晴好的天转眼就变成了滂沱大雨。我一边重新看题一边想，可思绪完全是一团乱，窗外母亲在公园里呼唤孩子的声音，放假的小学生走在路上嬉闹交谈的声音，还有仿佛可以吞没一切的雨声和风声全部在我的脑海里回荡、响起。我不得不停下笔，回头望望时间，却还得克制住自己，重新拿起笔投入试卷之中。

突然，停在教室外的一辆车鸣响起了尖锐的汽笛声，仿佛穿透我模糊的意识，惊醒了我。我转侧头，看到声音的发源地处站着一个打伞的男人，他的伞下是一个女人抱着尚在熟睡中的女儿，男人的头发和肩膀都湿透了，深蓝色的衬衫变成了墨色，水珠从头发上滴下来，脸上的线条却溢满了柔和。那个女人的高跟凉鞋浸满了泥水，她颤颤地站稳脚，不顾被打湿的发梢，抱紧了怀中睡梦中的小女儿，那样的表情似曾相识，仿佛可以隔绝一切悲伤痛楚的表情。他们避雨的地方离教室是那样近，以至于我似乎都可以感受到小女孩儿呼吸的声音……

卷子！我突然转过头，却看见所有的人都在奋笔疾书，仿佛将这个世界上的其他一切都抛之身外，落笔演算的声音竟是那般巨大，盖过了窗外汹涌的雨声风声，盖过了嘈杂与忙乱，更是盖过了曾经在内心深处反复挣扎的那个微弱的声音，那些出自内心曾经被我们那般虔诚而真切地期待过的话。

或许真的是长大了吧，得到了许多却遗失了更多。总认为之前的自己很幼稚：哭闹是假的，话语是无意义的，行为是需要纠正的，可作为成熟的代价，忘了自己之前那样无拘无束的音容笑貌，忘记了曾经是多么真切地伤心过。什么时候心里也能落一场大雨呢，那样猝不及防地从天而降，将心中的一切都笼罩进去，无休无止不穷不尽地越落越大，打在尘灰漫布的心房上，洗刷出它原本该有的干净明亮。

一个人要走的路再怎么长，也长不过收卷铃打响后要重新面对世事纷争的一声叹息。

捡拾忽略的美好

生命是疼痛的，无关甜美与苦涩。

阳光给我们明媚又美好的幻觉，而雨，让我们清醒地疼痛，一寸一寸，疼痛地呼吸。

没有泪，却分明清楚地痛彻心扉。

年轻的生命，总是贪婪地享受每一缕光，卑微地渴望每一点切身的温暖。可太过年轻的我们，总是学不会好好去保护自己的心。

在年轻的生命里遇见一场雨

梁采涛

夏风携着大雨前阴凉的气息，穿堂而过，肆意地向我奔跑而来。我恍若身处清冽的河水中，沁凉入心。

莫名的难过薄薄地在心上积了一层，无声无息地淌着。于是开始写字，看微凉的文字在纸上凝成一层薄薄的忧伤。

天边有些暗。

云间透着空洞的光亮，不甘的样子。

是一场雨，正步步为营地逼近。

风吹得帘烈烈作响，远方雷声隐隐。

我想我们的青春，会不会像这一场隐藏在天幕后的雨一样，铁马冰河，酝酿着一场昏天黑地的伤痛。

生命是疼痛的，无关甜美与苦涩。

阳光给我们明媚又美好的幻觉，而雨，让我们清醒地疼痛，一寸一寸，疼痛地呼吸。

没有泪，却分明清楚地痛彻心扉。

年轻的生命，总是贪婪地享受每一缕光，卑微地渴望每一点儿切身的温暖。可太过年轻的我们，总是学不会好好去保护自己的心。

没有开灯，昏黄的光线便一层一层笼罩下来，和记忆中少年清瘦倔强的身影重叠。

朦胧不清的记忆,朦胧不清的心事,在时光里叠放得整整齐齐。我们总以为自己已然长大,却终归只是一个浅薄的孩子。

忘了是哪首歌用忧伤的语气唱:"孩子,孩子,我们都只是孩子。"是啊,我们都只是孩子,才会有那么多念念不忘的疼痛,有那么多念念不忘的忧伤。

爱与不爱,在生命的最低端唱着一首繁华又荒芜的歌。

当我们摊开掌心,流年便嘀嘀嗒嗒地碎了满地。

常常会忆起一棵深爱的树。

冬季,有暗色的云在天边染成光影沉浮的裙裾。一棵树在我面前,寂然地站着,没有悲欢的姿势。素净的枝叶,在没有风的时光里,透出沉静柔韧的美,还有一种我没有读懂的沧桑。

某个时刻,生命流转,我多么愿意成为一棵树,在时光里深深扎根,安好,静好,直到地老天荒。

远处,一场大雨匆匆而至,那样迫不及待地奔赴到我的生命里。

雨水热烈,诉说起那一段颠沛流离、笙歌四起的旧日年华。

当我们在生命里遇见一场雨。

087

凉雨滴滴入心,如饮悲伤,却仍砌起了明亮澄澈的梦境,哗啦哗啦。它像在问,可记得阳光的好?它说要记住,记住阳光的好。

阳光多好,不曾有过悲伤。因为雨,叛逆的孩子终于学会如何珍惜。

生命总是疼痛的。

所以,在年轻的生命里遇见一场雨之后,不再拒绝阳光。

学着小心翼翼,学着欢天喜地,路过岁月中的孩子气,然后长成一棵云淡风轻的树。他会更加地热爱,只为了更好的时光。

清 明 未 雨

袁 芳

尚闻北宋词人晏殊浅吟："燕子来时春社，梨花落后清明"，又听晏殊第七子晏几道叹息："舞烟眠雨过清明"，心里蓦地一惊，春社已过，清明又至了。

通常这个时候都是淫雨霏霏，然而这个清明却未雨，许是人们拜祭先人逝者的祈祷，感动了上天吧。

出门的时候，看见楼道上站着一位老人。奶奶走上去："老张，又要回去啦？"我一愣，险些没认出来。楼上的张爷爷可是出了名的不修边幅，说好听了叫不拘小节，难听点儿就成了邋遢。但是今天，他却一反常态，一双皮鞋擦得又光又亮，一身整洁的西装，一副精神抖擞的模样。

张爷爷"嘿嘿"笑了两声，"当然了，又一年没见，可想死我喽。这些天那是特别想，吃不好饭，睡不着觉，差点儿还上去找她了，今天终于可以回去了。"张爷爷摸摸鼻头，有些不好意思，但更多的是期盼和思念。老人还说，这是他给老伴过的第七个清明节。

我恍然大悟，原来这七旬老人打扮得这般隆重，竟是因为要回老家见已逝的老伴。这大概就是所谓相濡以沫，所谓执子之手、与子偕老吧。张爷爷的儿子从楼上走了下来，"爸，走吧。"语气里有些感伤。张爷爷一笑："年轻人，还感伤个啥？老头子我还等着我孙子呢。"

也是，逝者已去不可追，请君珍惜眼前人。我轻轻一笑，目送他们离去。

清明墓碑前，无限的感伤将被抒发，祭祀者的泪珠将串成一段段湿漉漉的回忆，暖春的微风抹不净伤感人的眼睛。

但是，人生漫长的旅途不会因此停歇，宗脉的延续是一串加粗的省略号，老人的白发便是清明节最醒目的问号，孝顺与赡养是唯一正确的选择，是炎黄子孙对清明的最佳诠释。

看来，让孝敬之心日日在，坚持善待自己的父母与老人，在暖春四月的某个清明，立于拂起万千愁绪的细风中，才不至于面对死气沉沉的墓碑，空余幽幽的哀叹和无边的自责，背负一团心冷在风里哀号盘旋……

今日清明未雨，是否更该在祭奠先人后珍惜眼前人？

清明清明，该是有个清晰的明天吧。

黑暗中的生命

沈暖暖

我驻足，为黑暗中的蘑菇停下脚步。

匆匆行走在道路上的我，已经无暇顾及周围的是是非非，然而，树根旁静静生长的蘑菇却无意中抓住我的眼球。

记得儿时天真的歌谣："采蘑菇的小姑娘，背着一个大箩筐……"欢乐的曲调似乎还隐约浮现，却难以阻止童年的渐行渐远。我俯下身，看一棵苍劲的老树根旁倚着的蘑菇。

这是一个神奇的生命，它无需人工的照料，不要细心的呵护，只要一棵树，一片泥土，就足以让它享受到生命的恩赐。轻抚着露水吻着的脸颊，指间是它传来的温润触感，一直舒服到心坎里，嘴巴里不自觉地就回味起它的香味。

它有着纯粹的白，透着奶香，几颗小小的"雀斑"则给它增添了可爱的气息。它长着大大的脑袋，像农民的草帽，和它的柄完美地契合在一起，让人不禁惊叹大自然的黄金比例。

雨后，潮湿的空气，或许是它的最爱。它和它依附的树根，吮吸着天然的养料，树根又给它补充着丰富的营养，它们就像鲨鱼旁跟随的小鱼，有着彼此微妙的平衡，这是生命间的相惜，是智者的奉献。

静坐在巍巍的老树旁，透过指缝向上望，总有一些遗忘的星点刺疼眼睛。我们无法阻止记忆的逝去，有些人，有些事，美好的记忆，终将会飘散。低头，我看见树底刚冒出的蘑菇，它们一簇簇的，只有距离很近时才能将它们看清。然而它们就是这样暗暗地长着，在黑暗的潮湿的地方。

我是否有这样脱俗的毅力，默默隐在人群后，在自己的小天地里努力，即使只有自己，也依然有来自于自己的鼓励？

我不知道。但我想，我比不上这棵蘑菇。至少，在未见黎明前，我选择了退却。然而，指间的温暖似乎还残留着余温，是不是连它也懂得生命的珍贵、人生的短暂？而我们，只能向前，以最向上、最美的姿态。

我承认我不是个聪明的孩子，我无法与最纯净的自然对话，但我却尝试着倾听它们的声音。

这一棵黑暗中的蘑菇，告诉我，我们都不必怕黑，因为再黑的地方都有蘑菇在努力成长。

091

捡拾忽略的美好

何时出发的末班车

马珮文

　　更快地迈开步子，向站台跑去，默默祈祷司机等等我这个可怜而又狼狈的赶车人，明明离得很近，却总有一段无法到达的距离，感觉像在追赶一辈子。呼吸急促，步伐紊乱，我逐渐放慢了脚步，那辆旧巴士喷着黑乎乎的烟圈，趾高气昂地在我的视线中越来越小，越来越模糊，直至成为一种纪念。

　　埋怨，不满，只能顶着寒风等待，期待那辆远去的巴士不是末班车。南方小城里有一种浅淡的陈旧的味道，没有林立的大厦，更没有类似于地铁那种可以发生一见钟情戏码的温情地点。我是喜欢乘坐巴士的，去追赶时间，追赶下一个装在车里而你永远也猜不到的情节，浪漫充满遐想。偶尔也会很矛盾，在转角处看见欲出发的巴士，犹豫是否放弃追赶，等到决定的那一瞬间，车已经离开了。每一辆巴士都是装着一段故事的，我在一次又一次的等待与奔跑中总能品尝到不同的滋味，不甘又不安，溜走的故事被巴士运向下一个记忆路口，有一天，再次完美邂逅。

　　车里藏着什么？梦想或追求？常常看见留着短发的女生独自坐在最后排，怀中拥着一块画板，风从窗子钻进来吹散了女孩儿薄薄的刘海，女孩儿精致、恬静，仿佛生来便洋溢着艺术家的气息。我也期待那样一次色彩与画布交织成的旅行，可以用大片大片的色彩抒写内心。会在无意中路过一场草地上的婚礼，悠扬的小提琴声里满是甜蜜，树下放着新娘新郎甜蜜相拥的照片，好美！

车里藏着什么？闲暇或惬意？坐在靠窗位置的老人，欣赏路过的风景,年过花甲便有大把的时间休息，重温昔日所遗失的景致。穿梭在仍保留着清代风格的小街巷，不时还能嗅到昔日桂花的芬芳，在有亭桥细水的地方下车，从容地赴一场与时光的约会，淡然地笑谈着过往，斟一杯清茶，还是当年的人和事，只是逃不过时光。

车里藏着什么？一坐城市的所有或是虚无？在不同的人流中涌动，走过每一个角落，踏遍每一处风光，见证一个时代的所有，灾祸，坎坷，欢喜，风流，之后的之后，麻木，混沌，一切也就不重要了，自然成了虚无。然而有一个声音一直在告诉我：不要怕，忘记只会更加刻骨铭心，后悔、苦涩只有自己一个人去承受。既然踏上了这辆末班车就不要回头了，因为它不属于曾经，更不驶向曾经。

末班车是不可能等你的，不要再说"喂，快停下来！""等等我！"之类的话了。人生的旅途是走不完的，就像梦想，永远都不会结束。

093

捡拾忽略的美好

陈金玲

　　轻轻合上手中的书本，揉揉干涸的已挤不出一滴眼泪的眼睛，望向窗外，冥冥之中，我与它相见——一棵挺拔的郁郁葱葱的小树，嫩黄色的花粒隐在一片青翠中，娇羞地垂着脑袋，似一身素衣做一曲惊鸿之舞的翩翩舞女，又似一群扇翅欲飞的彩蝶。一阵夹杂着淡淡花香的清风轻轻拂过脸颊，风中那甜而不腻的清香，充斥了心扉。我索性闭上双眼，深吸一口气，整个人都沐浴在沁人心脾的清香中。

　　哦，从未发现，原来，一阵淡淡的花香里也隐藏着如此甜蜜的美好。

　　回到家，如往常一样，爷爷正坐在阳台上，轻轻地晃着他那把陈旧的太师椅，惬意地晒着四溅的阳光。我悄悄放下手中沉重的书包，同时也放下了学校里经历的所有不快，与爷爷一起，享受这温馨一刻。我顺手拿起一份报纸，静静地阅读。不知何时，"吃饭啦！"奶奶在厨房里大声呼唤道。我正看得入迷，爷爷也似乎没有听见，继续闭着眼假寐。奶奶见没人应她，便跑到阳台上，看我和爷爷都没反应，不禁笑骂道："你们爷俩还真是一个德性，吃个饭也要别人催促几遍。"爷爷调皮地睁开了眼，我与爷爷相视一笑。

　　哦，从未发现，原来，一句平常的话语里也隐藏着如此温暖的美好。

吃罢晚饭，想起今天没什么作业，便陪着爷爷奶奶出去散步。走在小路上，两旁种着高大的枫树，有些叶子已经泛黄，挂在枝头摇摇欲坠。终于，落叶归根，它结束了自己短暂的一生。无意中踩到一片枯叶，脆脆的声音真让人心生欢喜。我于是找到另一片枯叶，然后踩下去。玩够后，抬头忽然发现爷爷奶奶已经渐渐走远。我没有追过去，而是静静地跟在他们后面。两位老人相携着向前走去，夕阳为他们镀上一层金边，似真似幻，那两个修长的影子似乎溢满了醉人的幸福与温馨。

哦，从未发现，原来，一对相携的背影里也隐藏着如此令人心安的美好。

终于恍然大悟，原来，只要用心去感受，去发现，那些曾经忽略的美好，其实就在我们身边。

幸福像花儿一样

季珂宇

看到过在明媚的阳光下，向日葵极其明艳的花瓣像燃烧了一般，只为了能触及到太阳的光焰。那略显笨拙的花盘托起了满满的阳光，仿佛一倾斜就会哗啦啦泼下一地灿烂的幸福。

我本以为，幸福就像这葵花一样，拥抱着满满的阳光和温暖，所以绽放得美丽、灿烂，令人心生向往。而当暮色降临，葵花就合拢了花瓣，就像在阴暗的日子里，幸福又岂能一如绽放的花般灿烂？幸福像花儿一样，需要阳光才会灿烂。

前些天发烧，躺在满是消毒水气味的医院里挂点滴。

我十分疲倦地看那一大瓶一大瓶的药水输进我的身体里，烧却一直压不下去。窗外伴着淅淅沥沥的雨，夜幕一丝丝织上昏暗的天际。一张嘴，便是痛苦的呻吟。

在右手边的床上，同样是个高烧不退的女生，可她的精神状态非常好。有时我撇过去几眼，甚至能看到她捧着本崭新的《城南旧事》读得津津有味，脸上竟带着幸福的微笑。恍恍惚惚间，我仿佛看到了葵花开得灿烂，就在她的床畔，哗啦啦地撒下金色的光芒，晃花了我的眼。她竟能在病中欢欣，在病中烂漫。

当病痛中被掺进了她的坚强，竟能涌出让人惊叹的幸福来。

第二日，在去医院的路上我偶然发现，有一朵葵，长在一块建筑废址阴暗的角落里。或许是某个卖瓜子的小贩不小心将其遗落在了这堆残砖乱瓦之中，使它被周围建筑的阴影隔绝了阳光。

但这朵向日葵却仍然长大了。它或许是凭借着一天只有几分钟的光照成长，或许是它顽固地一定要开出花儿来。它纤弱的枝干即使看上去一吹就倒，但它的顶端却仍托着一个小小的花盘。

那憔悴的花瓣无法载动周围笼罩着的阴暗，于是它拼命地抬头朝向天空，却难以捕捉到哪怕一缕阳光。但这朵向日葵仍然开得很努力、很灿烂——我看清了，花瓣上闪烁着它自身的幸福。

葵花喜欢向阳，每时每刻地向着阳光，灿烂着幸福；我们也喜欢向阳，总希望能拥有阳光明媚、鲜花烂漫的幸福。但无论是花还是人总是会撞见黑暗。

然而这并不能让我们失去幸福。幸福像花儿一样，需要阳光才能灿烂绽放，但在黑暗里，只要我们以一个积极的心态给自己播撒阳光，心头自然会有葵花向着这光开出大朵大朵的幸福来。

幸福像花儿一样灿烂，也像花儿一样需要阳光，学会自己给予自己阳光吧，幸福会更加灿烂。

雨 后 晴 云

姚禹同

　　没有任何征兆，下午一场突如其来的骤雨，将过往的行人统统浇了个呆若木鸡。

　　从开了空调的教室里走出，立刻与夹杂着初夏闷热的水汽撞了个满怀。面对周围一片看不到边的雨幕和狂轰滥炸的雨点，不由让人心焦：完了，待会儿可怎么回家呀？

　　事实证明，来势汹汹的开场，有时也只是虚张声势罢了。不过是绕教学楼走一圈的当儿，骤雨便明显地体力不支，无论规模还是声势都小了许多。上课铃声刚落定，雨，竟然停了。

　　教室一隅的窗帘猝不及防地被拉开，太阳的脸就这样毫无保留地显露在大家眼前，浸润了雨水的它似乎并未因此变得柔和，反而更加夺目。整个教室都好像被刷上了灿烂的橘黄，那如同长剑般的光芒，竟刺得我有些眩晕。毕竟，好久都没有被如此纯粹的阳光照耀过了。

　　此刻，藏匿在雨幕背后的云，被阳光勾勒出了金色的轮廓。那轮廓像极了天使的羽翼。

　　在雨中，有些事物会飘零散落，有些则会更显风致。那翅膀形状的云儿，在蓝得让人幸福的苍穹中渐飘渐远，仿若是天使留给我的一个微笑的背影，美丽而神秘。面对这稍纵即逝的美景，我只能后悔手中没有一台相机。

我从天空中收回目光，教室里的自习课寂静如常，没有人如我这般注视着绚烂的天空。

我的内心，滑过一丝浅浅的遗憾。

但我不甘心，于是拍拍同桌："看，天空多美！"

同桌一脸倦容地从数学作业中抬起头，茫然地掉头看了一眼，面无表情地说："以后像这类无聊的东西，没有必要告诉我。"语气中颇有几分不屑和淡淡的愠怒。

我有些怅然，天空中的美景，似乎独有我一人在欣赏。

我知道，同桌没有错。因为我们一直都在被不停地告诫：学生的任务就是做题，而不是仰望天空！

但我也没有错，因为生活的本身就是一个寻找和发现美的过程。

或许，这个问题答案根本就没有对或错。无论是埋头写作业，还是仰望天空，都是生活的本真，都是用自己喜爱的方式去寻找生活中的美好。

窗外，夏日夕阳，平静而热烈。

霎时，我终于明了：其实根本无需用相机去捕捉美好的表象，真正的风景永远为人心所摄存，不管它是过往的，还是将来的……

向 花 出 发

张晓薇

每一棵小草都是花。

——题记

岩石上，艳阳大。

她探出一个嫩嫩的头，打探着这个新奇的世界。

刚出世，她便受到了众人的围观。

"哟，这株小草可真好看，嫩绿嫩绿的。"旁边一个声音说。

草？我是一株草吗？她心想。但她并不想成为小草，她想成为花，妖娆在戈壁的花。

风沙弥漫，奇热无比。

她傲然挺立着娇小的身躯，与凶恶的黄沙做着无畏的抵抗，虽然收效甚微，但她不会轻言放弃。昂着头，是为了吸收到少得可怜的养分，扎着根，是为了站得更直，更稳。

迷雾满天。

她望着远处的迷蒙，心里不解。为什么那么努力，也没有开出花？她想，难道我注定只能是草吗？

耳边又是一阵不屑，"哼，就凭她？还想开花？怕是在做梦？"

她不语，心里是对它们的叹息。它们就算真是花的种子，也注定开不出花了，它们的心灵早已被束缚了。

她不再徘徊，心中只有一个信念——那就向花出发！除此之外，它再无其他想法。

从此以后，无论刮风还是下雨，她都拼尽全力吸收养分，向下扎根，不去理会别人的嘲笑。

她觉得，她一定要开花，哪怕只有一天，不，哪怕只有一小时、一分钟她也愿意啊！那是一种绽放的精彩。

不知过了多少年，她终于开出了花！真的是花！纯白色的小花，而不再是千篇一律的绿枝条。

她欣喜若狂，看着自己拼尽全力孕育而成的小花，她心里满满的都是幸福。

几天之后，她带着微笑离开了戈壁，离开了这个她奋斗了不知多久的地方，只留下一束枯萎的白色的小花。

她叫依米花，生长在戈壁上。为了开出花，她需要努力七年，而经过短短几日，她便要死亡。她来到这个世界的目的只有一个，那就是向花出发，尽情绽放自己的精彩！

我与寂寥同行

潘瑞勤

我与寂寥同行，寂寥间，我已穿越千古，跨过时空局限，感受寂寥中的人性魅力。

我在断了线的珠儿旁体会，我在玉人儿的面上省察，我在黛玉抚面的辛酸间感叹。你未曾感受过寄人篱下、无亲无故的空虚，你也未曾感受过儿女之间剪不断、理还乱的情愫，更不明白孤僻仙草的高傲，你在众人的叹惋中离去，只因"金玉良缘"葬送了木石前盟？不，寂寥虽苦，但黛玉的孤傲成就了寂寥，成就了一场千古的"红楼梦"。在《红楼梦》泛黄的纸页上，我与黛玉同行，我感受到黛玉内心的煎熬和心中的不平。

我在《论语》间感悟，我在儒学中受教，我在孔圣的寂寥间穿行。你不曾明白周游各国、传道授业的奔波，你不曾明白不为世人所理解的寂寥。世人或许能体会夫子的痛苦，却很难明白夫子在痛苦中所领悟到的境界。炼就君子注定是条孤独的路，孔夫子的寂寥却成就一个千年来从未被超越的传奇。在论语的经典中，我与孔子同行，我与寂寥同行，难怪后人感慨"自古圣贤多寂寥"，只有感受寂寥，升华寂寥，才能超越自我。

我在马嵬坡下徘徊，我在红尘里沉浮，我在长生殿的朱门前伫立。你未曾尝过爱情的酣畅淋漓，你未曾尝过生死相离的痛苦，也未曾尝过从繁荣富贵到破败不堪的跌宕起伏。"天长地久有时尽，此恨绵绵无绝期！"玉环与玄宗的爱情在往事中变成了寂寥，可，寂寥虽苦，但绵绵不绝的爱成就了寂寥，成就了千古以来无人能及的佳话。在白居易的诗篇中，我与过往同行，我与寂寥同行。如果在欢娱之时能冷静思考，居安思危，就会知道该怎样去把握、去珍惜了。

　　我穿梭在浮世间，对旁人的冷嘲热讽置若罔闻。因为，我将追寻着我的心，我的梦想，在寂寥中获取智慧，体会人生。我，甘与寂寥同行。

梦想，你还好吗

颜 粒

　　现实与梦想就好像隔层磨砂玻璃,两边都能模模糊糊地辨出轮廓,而我,就是在梦想与现实中徘徊再徘徊的影子。

　　小的时候,梦想是一种普通的东西,比如美食。我常常坐在电视机前面盯着美食节目边流口水边喃喃自语:"我长大了一定要做个美食家,到处旅行, 尝遍天下美食, 并把它们介绍给所有热爱生活的人们。"我喜爱酒堡特制鸡翅上的幽幽蜂蜜清香, 喜欢资溪蛋糕上甜甜腻腻的奶油, 喜欢普通超市里的简包装的薯片, 嚼得咔嚓咔嚓的响。每每这时候, 外婆就会念叨:"这孩子前世是个饿死鬼, 好好读书, 就能赚好多好多的钱,你想吃什么都可以去买! "我总是撇撇嘴, 继续着我的美食梦想。

　　上小学以后,梦想是一个能描述的抽象词语。我会经常跑到山坡上去玩,路边星星点点的小花也会让我凝视很久。我喜欢大自然里的气息:我喜欢树枝上跳跃的云雀,吹着口哨与它们对话;我还喜欢眺望远处的青山,看着云彩把它们挽成茫茫的一片;我喜欢傍晚的村庄,看炊烟袅袅升起,看落日在云层中射出最后一道金光;我喜欢看农夫赶着老牛回家,嘴里叼着烟袋悠闲吐纳……这个时候我会对着山梁大声呼喊:"我的梦想就是做个大大的画家,画出人世间所有的美好。"

　　那时候的我, 总以为梦想触手可及, 并不遥远。

上了中学以后，梦想却成为一种最深的负担。儿时的梦想逐渐成了大人们口中的笑话，逐渐被我不再提及。当今晚语文老师响应习总书记的"中国梦"，布置下这篇作文后，我独自徘徊在石榴树下，看去年老枝开出的新花。在初三的字典里："考进理想的高中"成为所有同学唯一的梦想。我们的面孔都是那么的不同，而我们的梦想却是惊人的一致，我不知道这样的梦想是好还是坏。鲁迅说："暖国的雨，向来没有变成冰冷的灿烂的雪花。"博识的他却没意识到，教育让不同的人却凝结成一样的雪花。

乡下的奶奶打来电话，她在那头兴冲冲地对我叮嘱："要考上柯中啊，不要贪玩啊，柯中是你唯一的目标啊。"

我压低声音："还不一定呢！"

"一定啊！"，奶奶突然拔高了声音，"那好啊，看来有希望了，我的乖孙女！"

我怔了一下："不是一定啊……奶奶，是不一定……"

说完，电话那头是长长的安静。我不禁心慌乱起来，直至惊慌失措，不知道怎样跟慈祥疼我的奶奶解释。

"没事，你的梦想就是考上柯中。"她那坚定的语气让我心酸，我极力让说话的声线形成淡定的波浪线，安慰了奶奶几句，匆匆挂了电话。缓缓地昂起头，让眼泪在眼眶里千转百回。

此时的我，依然爱着美食，依然爱着自然，热衷于绘画，热衷于摄影，并逐渐地爱上文字，可这所有的一切，我知道都不是为了考试，也远离了奶奶的柯中梦想。

今年春天，香樟落了叶子，红枫开出了火焰似的花，我用力推开面前的屏障，咣当一声，磨砂玻璃碎成一地，我看见梦想果然还在。我仿佛又听见那个声音："你好，梦想，好久不见，别来无恙！"

品尝生活的真味

梁采涛

所谓生活的真味，必不是只言片语便可以说明白的，它需要我们亲自去细细品尝。三毛说："马也好，荒原也好，雨季的少年，梦里的落花，母亲的背影。万水千山的长路，都是好的，没有一样不合自然，没有一样不能接受。"正是因为这其中有生活的真味，容我们去用心品尝，保留一份最真的感动，才不枉人间走一趟。

就好比辽阔的碧海苍天，海阔天空，震撼我们的也许是那苍茫辽阔，但感动我们的却只会是海上浪花一簇或天空纤云一缕。只因那一缕纤云可以柔软我们的心灵。在生活中也一样，偶然品尝出的真味恰是那一缕纤云和一簇浪花。温暖抑或苍凉的一点儿感悟，至少可以充实我们空洞而麻木的心灵，让庸碌的我们多一份睿智，多一份悠然。

就好比吟诵优美的诗词。若只带了功利之心急于背成，生硬的记忆使人忽略了诗情画意，枯燥的诵读叫人错过了咀嚼字句的唇齿生香。倒不如将心静下，细细品读字里行间的诗意。或是竹杖芒鞋的旷达，或是黄花堆积的凄凉，悉心品来，此皆生活真味，只要我们有颗发现美的心，便不难从平常日子的点滴里品尝出生活的真味来。

就好比品茶之道。先要用清水洗涤细长的茶叶，汩汩淌过的水，若那长流的岁月，再放在古色的壶里，用凉水烧开，看碧绿的茶叶在冒着热气的水中缓缓舒展，轻盈，柔润。水够烫了，方才泡出一壶好茶，所以说耐得炙热难忍，才有功成名就的资格，这就是人生。待到品时，浅啜一口，袅袅茶香润于口中，缠绵着渗透入心。茶水的流动，如一支清歌，低浅地回旋，余香绕梁，久而不绝。只需一口，茶已品得恰到好处。来不得半分的急躁怠慢，经过了这样长长的一个过程，才叫作品茶，生活之道亦然，需要细品慢尝，才能真正品出其中的滋味。

就好比眉眼温润、言轻笑浅的老人，他们面容里全是沧桑，沧桑间又缓缓铺就成一片柔和。他们会在清晨出门散散步打打太极，在黄昏陪老伴倚在门前看看夕阳。他们经历了那么多，也许是轰轰烈烈，也许是细水流长，但生活的酸甜苦辣，他们定是一一品尝过了，不然又何来今日这沧海桑田的淡然从容。"春有百花秋有月，夏有凉风冬有雪。若无闲事挂心头，便是人间好时节。"品尝生活的真味，不在于一朝一夕。人生的路很长很长，我们于奔跑之隙，也要时常停一停，听听风声，赏赏花草。生活的真味就在于此，我们何不细细品味？

品尝生活的真味，体会人生的繁华与荒凉，才能真正拥抱属于我们的美丽人生！

107

何不静待花开

黄杨锋慧

母亲几个月前曾带回一盆花，说是开花后甚是好看。我满心期待，日日细细呵护，精心培育着这盆花。谁知几周过去了，那花纹丝不动，没有一丝开花的迹象。我实在郁闷难解，一气之下便将花放在了阳台的角落里，任它自生自灭。

前几日，参加了一个数学竞赛，不料竟落选了。颓然地走在街道上，路边柳树无精打采地垂着头，梧桐的枝叶在地面上投下一串串的黑影。昏黄的路灯冰冷地将光线砸在小路上，路边的花草黯然地低着头。独自回了家，回到卧室，便埋头于题海中，暂时麻痹我的痛苦。

大雨滂沱，夜半惊心，彻夜无眠。

清晨，被啾唧的鸟鸣声叫醒，揉了揉发痛的太阳穴，坐起身来。窗外，风雨已息，空气中带着几分湿气，初露的阳光羞涩而稚嫩，却在不经意间温暖了我的心房。心中舒畅许多，踱到阳台，欣赏这雨后的恬淡与宁静。正欲回房，却瞥见了那躲在角落里的花，便俯下身来，细细端详。

经过一夜雨水的滋润，那花开得饱满。尽管狂风吹落了几片花瓣，却也难掩它令人窒息的美。它美丽而不做作，脱俗而不傲慢，娇艳而不张扬。即使盛开在这墙角，它也拥有足以令人驻足凝望、屏息沉醉的美丽。它轻盈地展开自己的双臂，拥抱着这世界，如同超凡脱世的精灵，不含一丝一毫的杂念。每一片绿叶明丽得几乎透明，向四周播撒着快乐和生机。虽稚嫩，却顽强地伸向天空，无所畏惧。它的周身仿佛散发着光芒，一下子把我的心也照亮了。

终见花开！它没有畏惧，没有退缩，它勇敢地接受了风雨的洗礼，将这风雨化为它的养料，奋发着，拼搏着，绽放出成功的喜悦，绽放出成功的坚毅。啊！这就是它的选择吗？即使从未成功过，也不放弃自己想开花的愿望，静待花开，并为之努力、奋斗，将苦难化作自己成功的养分，为自己的梦想而拼搏。

那么我的选择呢？虽然这一次的竞赛失败了，但我不能放弃心中对数学的热爱，我要将这挫折铭记，以激励自己更加勤奋、刻苦。哪怕前途迷茫，我也坚信水雾天边总有云蒸霞蔚的超然美景。这是花儿赐予我的智慧。

回到卧室，打开数学习题。恍惚间，我仿佛看见一朵鲜花，在更高处等待绽放。我期待这一次花开！

追寻春天的足迹

晨 曦

转眼间，不知在何时，冬日的那一份严寒悄然退出了生活，一丝久违的温暖溜进了空气中的每一个角落，于是逐着春的清悦的足音，拼起心底碎了一冬的芳梦，走进了春天的小园。

春，我好想追寻你的脚步。

春 之 树

沿着一条曲折的石路，我四下张望着春天的足迹，一抬头，正巧与那一棵棵花树相视对望。斑驳繁杂的秃枝上，有如被仙人的水袖轻轻拂过，绽出了星星点点的绿意，身后又跟着羞涩的花苞，为一根本是单调乏味的枯枝补上了清淡的妆容。是那些伸展的桃枝在曼舞吧！才会惊醒桃花园中沉睡了一冬的香梦，才会让花苞都在这春的召唤中精灵般绽放灿烂！一阵微风吹过，树上的花瓣纷纷扬扬地飘落下来，站在嫩蕾纷飞的树下，我忽然想起了千百年前的一句："花影不离身左右，鸟声只挂耳东西。"如此的春天里，难怪文人们会有心底的触动，也难怪白居易会扶须爽然道："人间四月芳菲尽，山寺桃花始盛开。长恨春归无觅处，不知转入此中来。"树下的我，虽未有几步作诗之能，却也与这春树相融相依。真想就这样，一直美下去……

春 之 人

　　告别了小道与花树，我走上有些陈旧的长廊，本想在这里小憩，却发现早有人先到。那是一个女孩儿，穿着简单的学生服，似乎只是十六七岁的年龄。她梳着简单的马尾，额前有碎发不安分地随风跳舞，她也不去撩开，只是任它们时而遮住视线。她手里有一个画夹，上面摆着一张纸，她手中的铅笔就在上面涂涂改改，安静下来时，我甚至能听见窸窣作响的磨擦声。缓缓走向她，我看到了那纸上的素描，廊顶、湖水、杨柳、楼宇，仔细定睛于画上，竟还有湖中漂浮的游船，后边拖着漾出的水纹。一时间，我觉得她是那样美，美得如这春色中的一朵花，淡雅却又惹人眼的花。勾画春景的她，可知道自己也早已融成了春景的一部分？我没有打扰她，只是静静地离开了，但她的样子，却留在我心中，挥之不去……

　　春之人，让我找到了春的足迹。背景是那一幅素描，绘成春的美图。

111

春 之 思

　　树清幽，水灵动，光散乱，人迷离……人间的四月天中，我感受着春无处不在的足迹，这神奇的自然的精灵，它不但改变了这小园中的一切，更改变了人的心境。盎然的春意中，充满了活力与生机，充满了对下一站的向往与激情。每一个春，都是全新的开端；每一缕春思，都带着力量与希望……

　　春，我已经找到了你的足迹。感谢你帮我洗尽了铅华，回归本真；感谢你帮我点燃内心的希望，拥抱生活。

　　人间的四月天里，与春邂逅，真的是一种美丽……

生命是什么

何卓婧

生命是什么？

我想再伟大的哲学家也无法给出一个确切的答案，然而生命就像是我们每天赖以生存的氧气，看不见、摸不着，却能给我们最大限度的温暖，让我们有足够的勇气走下去。

生命充满希望、深情——就像刚刚坠地的婴儿发出的第一声大哭，在家人亲切的、饱含深情的目光中，生命带着最初的纯白，悄悄地来了。生命简单而纯真，婴儿小小的身躯被寄予了全家人的信心和期望，是将来绵长岁月最初的模样，不论今后的人生好坏与否，此刻的生命都是本善的、洁白的。生命给了人类最动听的声音和最美丽的容颜，生而为人，每个人都与众不同，有自己独特的掌纹和命运。

生命亦是神秘的，惊喜的——就像婴儿长出的第一颗白色的乳牙，在你不知道的时候，它悄悄地长出来。小小的却坚硬十足，笑起来的时候眼睛弯弯似月牙，唯一的牙齿露出来，稚嫩而美好的样子，仿佛盛满了世间所有的星光，璀璨而细密。生命是充满生机与活力的泉水，汩汩向前流，偶尔有林间小鹿，嗅得这甘泉的美好，俯下身汲取。生命带着强大的魄力与永不消逝的能量，孕育万物生息。生命充满意外与惊喜，我们应该放平心态，宠辱不惊地生活，爱自己、爱生活。生命如此美丽，是上帝赐予我们最大的恩惠，我们没有理由不快乐；生命是公平的，你不会一直幸运，亦不会永远困难。与其怨天尤人，不如笑着展望未来，充满信心地去感受生命的美好。

生命是循序渐进的，是日益丰满的过程——就像婴儿的眉眼逐渐清晰以及舒展开来的容颜。生命是经历的无数春夏秋冬，是娇艳的花朵，青翠的莲蓬，枯黄的落叶，挂着冰棱的屋顶。在日复一日的年月当中，在经历的所有欢喜和悲哀当中，身体变得成熟、硬朗，一颗心也成长得坚强，终于可以直视所有兜头而来的狂风暴雨，永不言弃！再也不是稚嫩的孩子，而是眼神坚定的少年！生命是让你成长、让你强大、羽翼逐渐丰满的过程，为此，我们要感谢生命，感谢它给予我们的所有经历，成就现在的自己。

生命是灵魂最深处的生动体现，像对一切了然于胸又偏偏不语的哲人，在高处观望世间百态，而我们每个人，都是我们所经历的所有喜怒哀乐的上帝。

113

转角，阳光下

刘思爱

当上午最后一节课的下课铃响起，原本平静的校园变得热闹起来。我被拥挤的人流"冲"出教学楼，正要疾步向食堂走去。似乎这就是生活，快节奏压得我有些喘不过气，但又不得不紧跟着人群前进的步伐。

不经意的一个回眸，转角草地上一个黑色的影子偷偷溜进我的眼帘。倏地放慢脚步，想要看清草地上的影子，却险些被后面的人撞到——显然，我挡了他们"抢饭"的道路。我走出人流，一步步走向那片草地。原来，在这个不起眼的小地方，酝酿着一个甜美的梦……

一只小黑猫静静地卧在草丛间，身体自然地围成圆圈，长长的尾巴舒展着，闭着双眼享受着午间的小憩。这里的草长得不高也不算茂盛，但那绿色却不禁让人多看上几眼，真是天然的舒适小床。虽然是正午，但阳光并不强烈，透过空气缓缓泻下，黑猫背上的毛泛着微弱的金光，眼前的一切都浸在暖融融的氛围中。我的心头不禁一颤——在嘈杂的人群声中，它竟能在这样一个溢着阳光的转角，闭上双眼，细细地体味着小小的美好。真美，哪怕那只是生命中短短的一瞬。

我是多么羡慕它！黑猫是那样的满足与快乐。它可以把前进的脚步放得尽量慢些、再慢些，在那静静淌过的一分一秒中去感受、去拥有、去寻找真实的自己。

曾经读过席慕蓉并不出名的一段文字，段末的一句话我一直忘不了——"原来如果我们愿意，是可以把生命停顿在某一特定的刹那的。如果我们真的愿意。"是啊，当时间为你而停留，你大可静下心来，去寻觅生命中的点点滴滴、小小情趣。就像这只小黑猫因为舒服的午睡而满足，而我，因为它而默默驻足。

　　走近，小黑猫显然被我打搅了，却依然没有睁开眼睛的意思，只是慵懒地打了个哈欠，小脑袋晃了晃，又深深地埋进了草间。真是惬意呢，我心中暗暗地想。回过头去，依然有不少人在向食堂匆匆走去，脸上的表情很淡，但还是能看出焦急中夹杂着些许迷茫，他们迈出的每一步到底是在追赶着什么？

　　在经济迅速发展的社会，我们似乎最注重的便是"效率"二字。但紧追慢赶地度日，真的是生活吗？当你的节奏步伐不断加快，你可曾看见脚边的花儿正在风中微笑着向你点头？你可曾看见天空中的白云在不断变换着曼妙的身姿？我们错过了太多。整日伏案工作学习的人们，请抬起头；沉溺于网络的人们，请闭上眼，在这难得的闲暇时间，去感触、去倾听、去珍惜……你会发现，停下脚步，生活真的很美妙。

　　校园，转角，阳光下，一个小生命带给我的感受比阳光还要暖。而我，作为一个普通得不能再普通的人，只能用平凡的文字将它记述，没有华丽的词藻，没有过多的雕饰，只求在这短短的清闲中，逃出"快节奏"的束缚，慢下来，感谢生活的给予。

　　坐在教室中，我相信在窗外，定是一片绚烂。

人 生 三 得

李梦影

看过许多谈"人生"的书，却还是觉得迷茫，直到那一次我无意看到了易中天的关于人生的阐述："人生要有三得，即沉得住气，抬得起头，弯得下腰。"简单的一句话，让我从迷茫中走了出来。那一刻，往事如风，逆袭而来——

墨香·沉住气

小时候的我疯疯癫癫的，像个假小子。爷爷看了，很是着急。一个阳光灿烂的下午，爷爷把正欲出门找伙伴们玩耍的我留在了家中。我眷恋着屋外的欢声笑语，便大吵大闹起来。爷爷没有理会我，只是提起笔，写出了一个"梦"字。那执笔的姿势，潇洒的动作，飘逸的字体深深地吸引了我。我求爷爷让我试试，爷爷笑着把笔递给了我，我尝试着握那粗大的笔，写下了"一"字，却写得歪歪扭扭。原来自己手中的笔是那么难以驾驭，但这更增添了我对书法的兴趣。从那以后的每个下午，再也见不到与伙伴们追逐打闹的我，取而代之的是与书法陪伴的一方天地。每天刻苦地练习，使得手上出现了老茧。我开始想要放弃，爷爷的话语在耳畔响起："书法最可贵的并不是最好的字，而是练字的过程，只有静下心，沉住气，并一直坚持下去才能体会到。"那些墨香陪伴的日子使我渐渐静下了心，沉住了气。

舞动·抬起头

  二年级的时候，我被选入学校的舞蹈队。为了参加县里的比赛，我们每天都刻苦地练习，一次次地旋转、跳跃。日子一天天地过去，别人的舞姿越来越优美、顺畅，可我的动作却显得那么笨拙，我对自己越来越没有信心。舞蹈的最后是一个定格的姿势，我被安排在了正中间，却因为不够自信，在排练时总是低着头。舞蹈老师发现后便把我叫到一旁，轻声问我低着头的原因。我支支吾吾地说："我觉得我的动作太笨拙，别人都跳得比我好。"老师淡淡地笑了，摸了摸我的头说："舞蹈的美不只在于动作的优美，更重要的是心与舞的共鸣和舞者的那份自信。抬起你的头，相信自己的笑是最美的，那么你就是最棒的。"我用心去感悟老师的话，从此，舞蹈训练变成了一种展示自我的享受。比赛那天，当我们做最后一个姿势时，我自信地抬着头，绽放了最美的笑容。三秒后，台下掌声雷动，我知道，我做到了最好的自己。

失败·弯下腰

  上学期的期末考试，我考得很差，心情一直很低落。恰逢过年，所有人都高高兴兴的，只有我整天一言不发地窝在家里。爸爸看到我失落的模样，便带着我出去走走。街上的行人来来往往，脸上都挂着灿烂的笑容，我却无心欣赏路边银装素裹的松树，眼泪不争气地落了下来。爸爸停了下来，指着一棵被雪压弯了的松树说："松树在大雪的压迫下不得不弯下腰，但这不是失败，它只是为了等待一个时机，重新伸直腰杆。一次考试失败，并不能说明什么，你现在弯下腰，是为了给下一次成功做准备，做人要学会在挫折来临时弯下腰，等待下一个时机去挺直腰杆，而不是像你这样，被失败压弯腰却没有勇气再直起腰。"是啊，爸爸的话让我振作了许多：现在的弯腰，是为了积蓄力量，为了下次挺直腰啊！

经历了这么多，我才懂得，原来沉得住气，抬得起头，弯得下腰，这样高深的道理早已融入到自己的心间。生活像一位智者，我们只有遵循着真理的方向，才能以最短的时间，获得最大的收获，也才能够在人生的道路上越走越顺，越走越远。

关于幸福的答案

应智琳

人生如戏，有的人生如同一部话剧绚丽多彩，有的人生如同一部木偶戏充满不幸。到底怎样的人生才是幸运的？怎样的人生才是幸福的？

若你走在路上，环顾四周，你觉得谁是幸福的？谁是不幸的？

若你柔声询问一位终日坐在地上的乞讨者，也许他会说幸福是不用天天拿着碗向他人祈求施舍，是不用看着他人的白眼过着浑浑噩噩的日子，是不用看着他人穿着艳丽华贵的衣物而自己却是一身补丁……也许——他觉得幸福还很遥远。

若你轻声询问一位背着书包匆忙上学的学生，幸福是什么？怎样才算幸福？也许他会说——幸福是不用拿起书包急忙出门只为不迟到，是没有繁忙的功课和写不完的作业，是可以天天玩到尽兴也不用担心另一天的考试不会通过……也许——他觉得幸福还未来临。

若你扪心自问：亲爱的自己，你幸福吗？你会如何回答？

幸福是一个谜，若让一千个人回答，就会有一千种不同的答案。

在我的眼中，幸福是不能用言语来描述的，它只能细细地慢慢地用心体会。幸福不是一些快乐的堆积，而是一种状态的持续。幸福——在自己的心里，是一种暖暖的、甜甜的感觉，就如花香般沁人心脾。

其实——幸福很简单。

幸福就是刚从跑道上停下来满脸通红时，有人问你还好吗；坐在位置上捂着肚子脸色发白时，有人问你怎么了；见你不断用舌头触碰唇瓣时，有人问你口渴吗。幸福就是——时时刻刻有人在意你，关注你。

幸福就是在半夜气温骤然下降时，有人轻柔地为你增衣添被；在你把自己关在房中暗暗生气时，有人温声细语地叫你吃饭洗澡；在你背上书包准备出门时，有人叮嘱你路上小心。幸福就是——每时每分有人想着你，念着你。

幸福就是当我看不到你的时候，可以这么安慰自己：能这样静静想你就已经足够了；幸福就是时刻牵挂你，系着你，即使你不在身边；幸福就是不管外面的风多大雨多猛，你都会知道——家里有一杯热腾腾的姜茶正等着你。

不要抱怨幸福的遥远，不要抱怨幸福的缺席。其实幸福就在我们的身边，它，就悄无声息地躲在你心里。

关于幸福的答案，就在你的身边。

我 看 莫 言

朱晶晶

"你幸福吗？"

"我不知道。"

这是诺贝尔奖获得者莫言的回答。

——题记

三堂的连续考试后，有几个同学在讨论莫言，这个脱颖而出荣获诺贝尔文学奖的人。我想起初三生活的艰辛，突然好生羡慕他，功成名就，已站在最高处的人，他一定很幸福吧！不像我们，忙碌的生活和成堆的作业把我们的笑容都挤下了舞台，生活的压力让我们感受不到幸福。

回家照例翻看报纸，也是巧合吧，莫言的报道居然占了一大版，也难怪，他已是风云人物了啊！我羡慕地喟叹他非凡的成就。

默默地看着报纸，心里本认为能找寻到他身为成功者的骄傲和难以言喻的幸福。

可是，没有，什么都没有。

有的只是他的不易，他的无奈，我紧张地往下看：

为了换书，替人推磨一整天；为了看书，灯油枯尽也不惜；喜欢读书，竟背起《新华字典》……

面对眼前巨大的成功，他却感到困扰而无奈，因为一大堆的记者向他袭来，他要接受一次又一次的访谈，他不得不面对那些尖锐的问题，面对他人或正面或反面的言论……

我顿时有些讶然，同时感到深深地震撼。成功不易，莫言不努力，怎会有他今日的建树？莫言不努力，诺贝尔文学奖又怎会从天而降？我轻轻叹息他的艰辛，叹息他的成功来之不易，那是滴血的成功，满负艰苦的不易！

照片上的莫言有着一双小小的眼睛，却仿若包含了整个世界。莫言莫言，我突然好像明白了他名字的含义，他是要世界莫言他的成功啊！

照片上的莫言长着一张农民般朴实的脸，憨憨地笑着。我定定地看着，这笑是他用一生的阅历凝结成的吧？携几许沧桑，看尽人情冷暖，时光沉淀却始终不曾消逝。莫言也许曾觉得苦，出生农村的他，经历的痛苦远比同龄人更多，所以他才会更懂得珍惜。

努力的过程使他学会乐观地面对人生，心中的信念仿佛是那疯狂的藤蔓，缠绕着他，让他用心感受生活，用笔倾诉自己的快乐与痛苦，他就是这样在岁月的鞭策下练就了一颗坚强的心灵吧？

恍然间我似乎读懂了他，看着身旁的作业，我紧握双拳，也许莫言也曾如此努力过吧！这只是一个努力的过程罢了，于是我拿起了手中的笔……

我终于知道莫言说"我不知道"时的复杂心情了，成功只是一刹那的荣耀，而奋斗的过程则是永久的、充实的。虽然这个过程会很漫长，也许会有伤痛，可是正是这个过程使我们长大。在努力中获得快乐，心怀理想，一点点靠近自己的目标，这，应该是人世间最大的幸福吧！

释然的人生很美

吴　瑜

　　春末夏初，我独自去了外婆家，只是想呼吸一下久违的麦香，缓解一下近来的学习压力，却没想到在那里度过了一个如此美丽的下午。

　　外婆家位于小镇的一隅，老旧的民宅间有一条窄窄的小巷，向里延伸的鹅卵石小路被青苔染得绿油油的，格外有诗意。远远便看见一个人影，佝偻着背坐在竹藤椅间，正娴熟地织着一团淡蓝色的毛线。她仿佛听见了我的脚步声，转头朝我温柔地笑了笑，然后放下毛线向我走来。

　　和往常一样，外婆踏进厨房，不多时白墙黑瓦的后屋中便飘出了熟悉的菜香。外婆一边给我夹菜，一边和我唠着家长里短。

　　忽然间，一阵急促的脚步声从外婆家的门口传来，紧接着是一串如银铃般的爽朗笑声，两年不见，安桥阿婆的性子依旧风风火火。她理了理自己那条时髦的真丝裙子，兴冲冲地告诉外婆："阿英，你知道吗？我儿子要把我接到城里住了，下个星期就走。也没什么，就是舍不得你这个多年的老朋友，你儿子怎么样，有这打算吗？"外婆淡淡地笑了一下，摇了摇头。和以前一样，安桥阿婆杨了杨她那张愈发红润的脸庞，踏出了门槛。

　　"外婆，安桥阿婆要去城里了？"我转过头去问，外婆好像在想什么，干瘪的嘴角缓缓牵动，"两年了，已经陆陆续续走了很多老人，也习惯了……"外婆并没有往下说。

我知道，外公去世得早，外婆一个女人撑起一个家不容易，在那些旧岁月里，外婆吃了很多苦。现在舅舅常年出差在外，想接外婆到城里团聚简直是天方夜谭，每周的几个电话就足以使年迈的外婆心满意足。我熟悉外婆的性格，年轻时生性好强，老了却变得平静从容。外婆说，两年间，活了大半辈子的她竟不知觉间学会了释然，这些日子，她过得很好。再看外婆时，她脸上露出了温和的笑意，那是发自内心的，我了解外婆。

恍惚间想起了那天妈妈接到的电话，是外婆打的，她只是想问问我近来的情况。妈妈便如实地告诉外婆最近我学习有些紧张，似乎不懂得放松与释然。我清晰地听到，外婆在电话那头说，那就让她假期来住几天吧，好久没来了。

我好像明白了什么，饭后，我牵着外婆的手来到宅前的麦田。虽然麦子和两年前相比少了不少，但柔和的风吹来，仍是一阵阵麦浪浮动，映入眼帘的依旧是金黄一片。

两手拂过麦尖，久违的清新气息扑鼻而来。猛然间才发现，成熟的麦子竟是微微低头的，它们不同于稻谷的压弯腰，也不同于芦苇的挺胸昂首。也许，这正是外婆要让我看到的释然，与其说小麦谦逊，不如说它们已经学会释然，懂得桀骜不驯不能与成功共存，只要稍稍低头，便会收获成功的果实。

外婆有着与小麦一样的情感，人渐渐老了，便懂得是时候放宽心了，不再像年轻时那样逞强。就是因为这样的释然，才可以让一位子女常年不在身边的老人面对其他人的天伦之乐时，淡然从容，生活得如此安逸平和。就是因为这样，外婆才能在嘴角挂上几丝发自内心的微笑。

时光匆匆，那些执念，那样的旧时光，一晃就过去了。释然了，便没有那么多的心理负担，为快乐而生，路可以走得更好更远。

关于生命的解读

刘鸣鹏

生命，亦生亦死，不过是换一种形态接着延续自己，只有躯壳内的生命足够坚强，足够勇敢，这样才能真正称得上生活一回。即使生命的年轮依然存在，如果没有了追求，那只是依靠躯壳苟延残喘的一段生存，称不上是真正的生命，不过是一个空荡荡的躯壳罢了。

生命有着不同的形式，史书中曾记载战国的李伯阳，西汉的扬子云，东晋的陶渊明，他们是淡泊名利的真君子；铁血丹心的文天祥，抗击倭寇的戚继光，舍生忘死的邓世昌，他们是杀身成仁的大丈夫；乐不思蜀的阿斗，陷害忠良的秦桧，卖国求荣的汪精卫，他们却是只求一己之利的懦夫小人。这三种生命形态是对生活的不同态度，有着天地之别。浩然正气流传千古，倒行逆施定会落得遗臭万年，是非自有公论，清白长留人间。

关于生命有着不同的解读，但至少我相信生命的意义是对自己所做的一切的满足与认同。那些感动中国的人物曾让我流泪，或许白芳礼老人骑着三轮车流淌着汗水时，心中却是轻松的；张丽莉老师，她敢于用自己的生命去诠释师德，换回的绝不是简简单单的"最美"二字；遵循孝道的孟佩杰用微笑回报这个对她看似不公的世界。他们不只是感动了中国，更重要的是，他们唤醒了我们对真、善、美的认知。他们也许失去了很多，但同样，他们也是这个世界上最幸福的人。当白芳礼老人把自己积攒的辛苦钱对贫苦学生倾囊相助时，他是幸福的，因为他觉得这是他生活的意义；当张丽莉老师把学生从车轮下救出时，即使自己失去双腿，她也是幸福的，因为她觉得这是生活的意义；当孟佩杰承担起家庭重担，带着母亲上大学时，她是幸福的，因为她觉得这是生活的意义。世间的一切生命，不论是微小或是强大，是卑微还是高贵，只要按自己选择的路不断前行，让自己的生命多姿多彩，那么他活得便是有意义的，他就是幸福的。长虹贯日虽然短暂却极为绚丽，蜡炬成灰也曾经绽放过光和热。它们是无怨无悔的，因为在短暂的生命中它们画出了最美的画卷。

而我也在沉思，生命的意义何在？生活的快乐何在？也许有人会说自己没有冲锋杀敌的阵地，也没有金钱财富来帮助贫弱，很难找寻生命的意义。其实不然，乐观向上、奋发图强同样是我们生活的意义。当网络上充斥着"吊丝""犯二"时，我们不应反思生命的意义吗？人生的追求难道只有明星的夺目光环和享乐奢靡吗？我们不应该有真正的追求吗？真诚、博爱、奉献、激情、勇敢……我们今天的所思所想所作所为都将成为明日中华腾飞之基石。此时想起一段经典的语句：少年智则国智，少年强则国强，少年独立则国独立。

我辈当自强！

寻

林冰茹

　　这城市这么空，这世界这么大。我在寻找，你呢？

　　每个人都在寻找。

　　不一定寻的就是答案，寻找不一定都有目的。寻，只是一个过程。手中的筹码，只有一颗恒心。结果，或许无足轻重。

　　沿着历史碾过的车辙一路寻觅，有人"寻寻觅觅"于"冷冷清清"，有人"寻他千百度"至"灯火阑珊"，亦有人寻"幽泉怪石"以"与造物者游"，有人悲有人喜，有人落泪有人豁然，不为寻到了什么，只为那一路寻得艰苦卓绝。换来的是什么，又与己何干？

　　就像佛学里人世被唤作尘世，世事种种便为红尘，人之于女娲造人一说，便为泥。泥，终将风化作尘。故，尘埃落定，对于每一微尘这是必然。但这不足以冻结它们弥望时间的寻觅。即便心里明了这幕戏的结局，但未明了过程，看客的热忱就丝毫不会冷却。无心人走马观花，尚未看到尾声，便携着自以为是的结局提前离了场，于是他活在自己的故事里，永远找不到出口。有心人反反复复玩味着每一唱每一念，台下的看客走了一轮又一轮，他始终坐在席间，终有一场落幕会让他如梦初醒。人生这一场注定了结局的戏，高潮其实不经意地涌现在苦苦寻觅高潮的过程之中，而并非序幕的拉开，抑或帷幕的落下时刻。

　　"百度"这个名字取得堪称绝妙。

127

捡拾忽略的美好

作为搜索引擎，它是由千万次或大或小或轻或重的"寻"组成。可是，从定义到命名，它未出现一个"寻"字。李彦宏和徐勇仅仅用"百度"一个词囊括了"寻"的动作，"寻"的历程以及"寻"的结果。

"千度"，未免过于空泛可怖，大千世界，从何寻起。

"十度"，未免过于局限狭隘，蕞尔之地，有何可寻。

而"百度"却恰如其分地平衡了这杆秤。这是历史蜿蜒蛇行至今，"寻"留下的崭新齿痕。

《反复记号》里反复出现"也许我们都在寻找"一句，正因为不确定性和未知，我们去寻觅，有时候却不知道到底"寻"为何物，寻的又是何物。只是这世界这么大，这城市这么空，这人生这么长，都鞭策我们去寻找，都希望我们去寻找。

不仅仅为了一个答案。

有的人一生都在寻找。

可终究会寻到什么呢?

有的人活在自己画的圆圈里寻不到出口。

有的人还未来得及去寻找就为自己这一场永远没有结局的戏画上了句号。

趁着还年轻，趁着机会尚在，趁着阳光温热，岁月静好，我背上行囊，去寻，去找。

这世界这么大，这城市这么空。我在寻找，你呢?

走在成长的边上

　　许多莫名的想法、令人困惑的矛盾，在我们走向成长的那段路上一直缠绕着我们。有时忍不住问：我们怎样才能长大？怎样才能有足够的能力来面对未来？迷茫、无助之后，渐渐明白这一段路是必须经历的，走在人生的边上，是青春的一段修行。

走在成长的边上

陈彦林

蓦然回首，遥遥望见的是那无法重新拾回的童年的天真与单纯；向前看，拐角处静静摆着我们向往的坚定和成熟。两头似乎都是斑斓一片彩色，唯有脚下的路显得灰蒙蒙、雪茫茫，只能依靠心中忽闪忽闪的微弱烛光向前……

牵　手

人潮纷涌的十字路口，我踩着又急又慌的步伐向前撞。"回来回来！走错了！"身后外婆的喊声也在闷人的空气里撞向我。皱着眉头躲过人群，到她身边不耐烦地嘀咕："能不能不要那么大嗓门啊……"她一边继续用那大嗓门驳斥我的怨言，一边不容分说地紧紧拽起我的右手向对面走去。下意识地，右手像一只迫切期望恢复自由的麻雀，从她有力的手中挣脱出去。像是要证明什么，我比之前匆匆疾走几步。当意识到她已被远远地甩在后面，我又不知所措地停下，茫然看着人海中想走却不能走得和我一样快的她。走走停停，却一直是不自在的，终究也不知道该怎样才好。

龙应台的《目送》，并没有忘却。然而每当被大人们牵起手的这一刻，总会或多或少想逃脱。于是又跟着生出一点儿歉意，一点儿不安，想起自己平日生活里的依赖，更想起能够与他们牵手的次数……应该是在不断减少的……我们应该牵手吗？

沉　默

午会课，班主任一言不发地站在讲台后面，像尊雕塑。不同的是，雕塑脸上的表情不再是以往的痛心疾首、愤怒、恨铁不成钢、严肃，只有平静。而台下的我们几乎都是垂着头，有些人露出惶恐，有些人撇下不屑。我们班，不知从什么时候起，成了"最有个性"的一个班——昨天吵闹被政教处老师抓住；今天挑衅让美术老师大怒，扣光了所有纪律分数……我们喜欢高谈阔论，喜欢大肆抱怨老师、反对学校，仿佛乖巧与服从是丢脸的。然而，因为这些抑制不住的逆反，让我们与老师们都站到了对立面，初一时团结的氛围不再出现，集体的荣誉疏离远去……我们该怎样选择？

孤　独

"再见！再见。"刚才的谈笑声似乎还未散去，四个最好的朋友已经在路口向四个方向散了。这是最近每天放学后我最失落的时候，这个时刻让人猛然发现这些好朋友终究都是要离你而去的。这些好朋友，只是暂时触及你的内心，分享你的喜怒哀乐，但终究会留下你一人孤零零地往前走……

如同这样莫名的想法、令人困惑的矛盾，在我们走向成长的那段路上一直缠绕着我们。有时忍不住问：我们怎样才能长大？怎样才能有足够的能力来面对未来？迷茫、无助之后，渐渐明白这一段路是必须经历的，走在人生的边上，是青春的一段修行。

把时间凝固

陆惊鸿

春天总是那么美好，一切都被阳光抹上了一层新的色彩。春天总是那么幼小，跌跌撞撞地萌发出新的希望。树木和小花小草不一样，它们没有被冷酷封杀，至少生命没有消失。当一切重新起步时，它们赶在了别人的前头。

刚过十五岁的生日，就在时针走了两圈之后，我又"长大"了！或者说在这个世界上我又存在了一年。春天的时候，我们班集体过"十四岁生日"，实际上我已经过了十四岁，却也装作开心的样子。

到崇明一个专门为这种活动而建立的基地住了一夜，算是长这么大第一次住寝室吧。晚上早早地吃过了饭，所谓"饭"，就是在草场边的一溜灶上加工半成品，随后在草场上铺白色塑料膜当餐桌。那炉灶是烧木片和稻草的，我记得我们那一组的灶总点不着，老师帮忙也没有用。那天的夕阳很大，很红，像咸蛋黄一样，使灶膛中的木柴蒙上了一层火焰的光辉。四周的浓烟熏得掌勺的同学睁不开眼，然而风又卷走了几条火舌。感谢上天，我们总算吃上了饭。我们跪在塑料膜上匆匆扒了几口白饭，膝盖被坚实的泥土咯得生疼。那一刻，我变得渺小了，变成了一个如蚁般的生命。我口中嚼着的，是第一次的艰辛，第一次付出的汗水。那一刻，我们好像长大了。

那天晚上，小卖部的方便面被抢购一空，尽管一份索价五元。我坚持不买，不是囊中羞涩，而是出于一种"道德"，觉得这是对我自己劳动成果的讽刺。我应该是长大了！

但我究竟会不会长大？我的心还停留在最单纯的阶段，仍然像个孩子一样害羞。我讨厌复杂的大人世界，那些成年人有多少像孩子一样纯净、敏感的？他们都被生活打磨得圆润了，麻木了。或许只有老人能够找到孩提时的那一份快乐了。我想，随着时间的推移，我是会长大的。然而我的心灵呢？我希望它能永远停留在最初最美好的阶段。我不想让自己的心成熟得太快，放慢长大的节奏似乎是一个很好的方法。树木见一回春天，把年轮晃出一圈，就更美丽了，更富于生机了。我愿意这么活着，心灵永远年轻。

我想，若是这样，我可能永远长不大了，但我会永远拥有孩子的美好。在飞逝的时间面前，让我守着最美好的部分，化作春泥。

写给十六岁的自己

王仕杰

十六岁的你：

又过了一年，你过得还好吗？

你是否依旧靠在自家门前的公园的椅子上，单手托住脑袋，看落下的夕阳，看被惊起的一群白鸽？你是否还想成为一只白鸽，在湛蓝的天空上翱翔，在洁白的云彩中穿越，享受风滑过翅尖的冰凉？你是否还在看自己被阳光拉得长长斜斜的影子？是否在一个人独处时，听见别人的脚步声就慌乱起来，快速起身戴上帽子走掉？

还在为明天而担心吗？担心老师突然点你的名叫你答题，并且用刁钻的角度否认你的答案。那么你是否还是一脸尴尬地站在那里，并且心中会有一丝不解，以及一丝愤懑？此刻，不要再放弃，不要再哭泣，即便迷茫，即便失去勇气，也要聆听自己的声音："我相信我一定可以！"

还在担心明天考试，担心自己考不好，被老师批评吗？担心自己考试粗心大意，不是忘记加负号，就是单词的语态用错了吗？那么，我便要提醒你：考试之前不必太过紧张，放松心态，迎来全盛时期的自己。

呵呵，你是否走路依旧低着头，看自己脚下的路，想自己的事，不把他人的肆意评论放在心上？遇到故意刁难自己的人，你是否依旧还会幻想自己拥有一种超能力？使他们冰冻，灼烧，触电，失明……然后装酷地说：这就是惹我的下场！那不可一世的气场以及那霸气嚣张的回答，惹得周围女生连连尖叫？

呵呵，你是否还会上课走神，幻想一些不可能的事情，将什么"ABCDEFG"抛之脑后？然后被发现的老师揪到，扯着你的耳朵，让你痛得叫出声来？那你是否还会因为一次责骂而心生忧郁，望着天空发呆？

"人生是一次旅行，不必在乎目的地，在乎的，是沿途的风景，以及看风景的心情。"珍惜眼前的一切，开开心心过好每一天，也不枉来人世间旅行一趟。生活给众生出了一张试卷，每个人都有不同的答案。而我希望你的答案是：活得洒脱，活得真诚，活得随意，活出真性情！小时候的一只蜻蜓，就能逗得你哈哈大笑。但是现在被霓虹淹没的你，就算捧着一本笑话书，也难以开口大笑了。希望你能挣脱沉重的枷锁，做回本初的你。你可以把自己关在家里，躺在阳光下，读自己喜欢的书，写自己的心情文字，听收音机里那久违的音乐。幸福就是这样的简单，简单得用自己的心就可以感受到。

你是否还会在闲暇时，望着远方，在脑海中刻画出她的倩影。一次次擦肩而过的冷漠，你是否还会心痛？在百花随风吹的季节，这个曾经熟悉的陌路人，被你放在了回忆里。

那么何不放飞一架纸飞机？装着童年的欢乐，载着青春的迷茫，载着懵懂青涩的爱，飞向天际。而在天空的那一端，我所看到的是一个阳光开朗的你。

如果你现在正在读这封信，请仔细聆听风的声音。因为风中，有我向你述说的那些年轻的悸动。

——十五岁的你

栀子花前月下

方 倩

栀子花前，上弦月下，有你，有我；有花，有月……

我刚出生的时候，正好是一个月色如钩栀子花开的时节，你便爱上了我。你笑盈盈地搂起我，放我在栀子花树浓密的树荫下，用蒲扇轻轻地摇曳着，为我驱蚊赶虫，扇羽间送来阵阵馨香。

就这样日复一日，年复一年，直到你的双肩已感到吃力，直到我开始学会了满地撒欢，你一如既往地在劳碌中，把我带到栀子花下，我曾不解地问："为什么每当这个时候，我总是被放在栀子树浓浓的树荫下呢？"你笑而不语，目光注视着远方，我清晰地在你的脸上看见岁月镌刻的痕迹，你的双手粗黄，身子瘦弱，你的发鬓都有霜染。你突然扭过头，微笑着说，我给你讲个故事。

有位优雅清纯的女孩儿，希望将来能嫁给一位与她同样清纯的夫婿。在某个冬天的夜里，有一位长着白色翅膀的天使对她说：在这世界上有位可以与你般配的纯洁男性。于是，天使从怀里掏出一粒种子，说这是一颗天国里才有的花种，你只要每天保持身心的纯洁，它就能开出纯白典雅的花朵。一年后的某天夜里，天使又出现了，女孩儿高兴地述说自己精心培育那清雅花朵的故事。天使说："你真是一位圣洁的少女，你将可以得到最清纯的男士。"说完，天使的翅膀竟落了下来，变成一位英俊潇洒的美少年。这纯洁典雅的白色花朵，就是栀子花。

在以后的日子里，我们每一次在花下相伴时，许久许久彼此都不用说话。那次，你却主动开口："我想听听你说说每当来到栀子花下，最想告诉奶奶的是什么？"可是，我默默地呆在那里半晌，不知道说什么。

后来我从书上得知：此花从冬季开始孕育花苞，直到近夏至才会绽放，含苞期愈长，清香愈久远；栀子树的叶，也是经年在风霜雨雪中翠绿不凋。

就这样，在栀子花开花谢的轮回中，我一天天长大，已经高过栀子花树了。可是，在花下静坐的身影中却少了一个人。

坐在书桌旁，我思绪万千，推开窗户，上弦月勾动着我的心，许多过去的事情都在脑海里清晰起来。

每个春天的清晨，你总是第一个来到小院的栀子花前，摘下开得最璀璨的几朵，用杯子盛着放进我的卧房，一时间芬香馨人。

风轻轻地吹拂着栀子花树，栀子花开得正艳的时节，那个夜晚，皎洁的月光，雪白的栀子花相互映衬，显得那么空灵澄澈。可就在这样的夜晚里，你连声招呼都不打，在我们毫无思想准备的时候，永远地离开了我们。

慢慢行走在月光下，不经意地步入到栀子花丛中。在这万籁俱寂的月空下，白色的栀子花悄悄地绽放。恬静之中溢出淡淡的芬香，点点露珠静静地依附在暗绿色的叶片上，显得有些清冷。

泪水滑过脸颊，仰望璀璨的星空，想起您曾经给我讲的故事，我的泪又一次不听使唤地涌了出来：奶奶，我会把您的教诲深埋心底的，我会记住我们在栀子花树下的每一个月夜。

从花开到花落，您悄悄地离去。

从花落到花开，我在心底里把您牵挂。

栀子花，淡香、恬静、清远的外表下，虽然看似不经意地绽放，但那却是经历了多久的努力与等待啊！

飞扬的情思伴我少年行

马珮文

纷纷霏雨残巷里

在我的世界里有一场细柔不休的雨，缠缠绕绕，如同每一个少年期盼的梦。

眼眸里，窄小的巷子曲曲折折地延伸向远方，斑驳的石壁凹凹凸凸，抚上去，还能清晰地感受到岁月遗留的气息。角落里碎裂的砖块已布满青苔，一棵被砍去枝叶的老树孤零零地伫立在那儿，那纵横交错的纹路或许已有百年之久。在这一切的尽头里，我独自等着，等一场绵绵碎雨的纷飞。

起初落下的几滴雨是最轻柔曼妙的，它们清灵如歌，霏落如絮，洗涤了世间的尘埃，润湿了心田的干涸。当它们滴落在肩头腕上，便有一股凉意贯彻全身，酥麻的，想如此睡去。

面前的老树光秃秃的，任风雨吹打。粗大的根像是怀着难言的郁结，重重叠叠地盘绕，紧抓着地下苍老的泥土。雨珠顺着老树一圈又一圈的年轮反复地流淌，似是要将那些揪心的往事深深地刻在心里，带着前世的记忆，粉身碎骨，却在所不惜。这才是我渴望的雨，这才是我期盼的梦。

几度秋来，我想老树一定也累了，经历了什么，看清了什么，它已累得直不起腰，昂不起头。可是少年，不愿这样，也不会这样。少年的游途仍然漫长，他相信当自己真正老的时候，不会成为这棵古老的树。

雨啊，是否有一天会把这参差不齐的青石板打磨平整，把这将息的老树灌溉出新的生命活力，把少年心中桀骜狂放的火花熄灭……我看着满天云雨，诞生、陨落、迸溅，一点一滴地，纷飞在巷的尽头。

半城烟沙破风斩

那是一条我走过的最奇怪的路，没有草木，没有房铺，坑坑洼洼的荒地被风吹得尘土飞扬。路两旁，冷色的铁剑深深地刺入脚下干硬的大地。我惊异地瞪大眼，向前，再向前。每隔三四米，路边便插着一把剑，那些剑显然有些年头了，剑柄满是锈色，本应锋利的剑刃也残缺朽坏，丝毫不见当年之勇。我凑上前，轻轻嗅了嗅，顿时一愣。那股掺杂着淡淡血腥与岁月沧桑的古韵扑鼻而来，带着不可抗拒的力量，乱了我的心神。回首来往的人群，他们朴素的衣衫，从容的步调，散发着一种由心而生的温润气质。我站在人海中，第一次有种突兀的感觉。这座安静的小城，就这样质朴地，完全地展现在我的眼前。

我静静地体会着这座千年古城的深厚遗韵，让这漫天的风沙渗透进我的皮肤，然而，身体竟不自觉地随着风走了起来。这才是真正的行走吧，丢下包袱，卸下压力，心无杂念地随风而去。神态，动作还有气质，我可以毫不压抑地把一些属于自己的东西表现出来，融汇进去。我想，未来的路还要无限延伸，至少学会怎样行走吧，坚定，踏实，才有资格去寻找自己想要的。

传说中有一招登峰造极的剑术，它凌厉无情，挥剑于无形，只是迎风一劈，方圆几里万木皆落。我总是忘记那令无数英雄少年心潮澎湃的剑术名字，可那天地为之变色的情景却铭记于心。我挥了挥手中的木剑，凝眸，静息，随意比画着招式动作，竟放声喊了出来：破风——斩！

猛地一震，那名字又在不经意间想起来了。

身后的古城风沙肆虐，我突然明白这招式的主人为何唤它破风斩了，势如破竹，临风而立，一斩狂沙。

每一个少年的心中都有一把剑，每一把剑上都刻着仁、正、义、信、巧五字，少年以为，再也没有什么更合适的词来形容它了。

彼岸花开终陌路

那是我第一次看见彼岸花。她躲在草木丛生的水塘边，猛地映入我的眼帘。纤细的花瓣微微曲卷，像是一只只在向天堂祈祷的手掌，四围线形的叶向上弯起，勾勒出一抹别样的风情。望着那朵红艳，我竟不知不觉地失了神。

传说，在一个城市的边缘开满了大片大片的彼岸花，她有魔力的花香可以让人记起前世的事情。守护她的是花妖曼珠和叶妖沙华，然而，他们几千年的守候却永远不能相见。因为花开无叶，叶生无花。于是，他们疯狂地想念着彼此，终是迈上了违背神规的末路。

据说，他们见面的那一年，绚丽的花被惹眼的绿色衬托着，开得格外妖冶美丽。可是后来，彼岸花再也没有在这个城市出现过。

痛彻心扉的折磨，世代诅咒的轮回，是他们的最终选择。被天国流放的花啊，一段悲伤而美丽的回忆，彼岸如血铺成的地毯，那条"火照之路"指引的方向……我相信，结果并不是结束,即使爱情没有结果，彼岸仍会开出盛放的花朵。我知道，我比彼岸花幸运，我还可以主宰自己，可以勇敢地去追寻自我，做忠于自己的选择。我愿种下一株彼岸花，在心里，小心翼翼地视为珍宝。

尾声——

　　年少的我并不是一个合格的游行者，只是愿意将我飞扬的情思写下来，见证我这一段浪漫的少年行。

走在成长的边上

树下的童年

隋嘉奇

我是在门前的歪脖子树下长大的。

童年的门前长着一棵歪脖子树，它没有高大伟岸的身姿，却足称得上粗壮苍劲，它把根深深扎入地下，枝干直挺挺地向右伸斜，像是要捅破右边的天。它干巴巴、土褐色的树皮上布满了大小不一的树洞，带着通身的丑陋活在人们的漠视里。然而正是这棵树，承载了我整个童年的美好。儿时最纯最深的记忆是在夏季，在那些蝉鸣的日子里，我总会与伙伴们相约树下进行属于我们的"狩猎"。

小脑袋拱在一起，蹲在地上，抓着透明袋子、铁丝和带了茬儿的新折树枝，制作捕蝉所需的简易网。其中的一个按住树枝，旁边的两个，一个负责穿袋子，另一个则咬紧了牙用劲儿拧紧铁丝，不一会儿，伙伴们齐心协力制成的杰作摆在众人面前，制作者如得珍宝一般夸耀着，细细讲述着制作的不易，满心的欢喜溢于言表，惊得众人纷纷谈论，羡慕之情不经意间表露出来。

接下来才是捕蝉的环节。我们举着珍宝般的网，一步一步慢慢蹀向树干，手轻轻扶了树枝或是抠入带泥的树洞，小心翼翼地踮起脚尖，眯着眼睛，锁了眉头仔细寻找。忽然间不知何处传来了刻意压低的呼唤声，举网子的便立马猫腰踮脚贴了过去，两个人小声嘀咕了好一会儿，猛然只听见咣的一声闷响，待到众人回过神来看时，只见网稳稳扣在枝

142

上，网里的蝉慌张地乱飞。童真的笑声便响彻云霄，溢满了大大小小的树洞。

等到累了，便又坐回到那浓荫里，吹着牛，唱着歌，欣赏着蓊郁里流落出的一丝瓦蓝天空，讲着数不尽的故事，聊着没边没际的话题。

当夏日的暖风轻拂过脸庞，窸窣的叶儿摇落下几点柔和的昏黄，便听得各家的大人开了窗，招呼自己的孩子回家吃饭。我们这才不舍地挥手道别，满意地拍拍歪脖子树粗斜的枝，相约明日再见。

日复一日，年复一年。

习惯了这样的故事，习惯了这样的生活。可终是有一天，我们搬了家，搬了岁月，搬了时光。告别了我亲爱的歪脖子树，也告别了我纯真的童年。

时光如白驹过隙，荏苒光阴。

我的歪脖子树消隐于我的生活。

然而，有歪脖子树做根，我的童年，花开叶繁。

143

独 之 美

颜 林

　　成群的灰白鸟隐在楼房后边，只待一瞬间冲出来遮住一片云彩，然后飞进天边的火里去，闹腾得你以为它们该主宰整片天空。

　　他正踏着犹豫不定的步子在路上走走停停，他是一个刚开始独自远行的少年。这"远行"是一步之遥还是永无止境，他也不知道，他所感到惶恐的是无人陪伴。他多希望家人能在他耳边絮絮叨叨使他不会感到一丝孤独，抑或朋友们像往常一样极为肯定地拉着他说："对，就往这个方向走。"此刻他感到迷惘，他已习惯了依附在别人的想法上，透过别人的眼观察这个世界。突来一阵风，裹挟得他晕头转向。再次睁开眼时，周围冷冰冰的一切仿佛都被重新上过了颜色。银杏像明黄的油纸伞在碎风里招摇，松树干枯的枝丫向他伸来时也充满了柔情。薄暮里尚且疏密有致地晾挂着的衣物像楼房之间交换问候的密码，脚下耙成一团的落叶像是为路人按图索骥而有意散落的。他想他以前没注意过平凡的美丽，是因为他困于熙熙攘攘之间，困在热闹喧嚣之间，他未曾独自拥抱过世界，已和这些产生了太多隔阂。

　　无意间，他和陌生人的目光相撞，他显得忐忑不安。曾经他是被呵护的犊子，家人和世俗的观念帮他挡掉了那些来自陌生人的目光，然后告诉他"外界"的险恶。渐渐地，他却从在车站等待者的眼中读出了殷切的向往，从坐在小吃店中吃饭人的眼中读出了简单的温馨与满足，从收破烂的老人那儿读到了温和的时光流转。他想他早该用自己的目光去洗净世俗与烦琐，真切地感受所有的暖意了。不知不觉地走过十字路口，这一次，他没有顾虑、没有束缚，听不见劝阻的声音——他可以听从内心无拘无束地去探索与追求了。

当他大声唱着歌，靴子在风中打着鼓点时，他意识到自己开始享受独自远行了。独自行走，一个人面对天空，才会释放出真实的自己；一个人看待世界，才会发现纯净和美好；一个人站在十字路口，才能听从内心的选择。

夕阳沉下来化作街灯，又薄又窄的楼房后放飞的一只雀儿，它快活得似个吟游诗人。

北 窗 一 枕

——《小窗幽记》浅尝

朱铭雪

"万卷古今消永昼,一窗昏晓送流年。"

——题记

我喜欢书,喜欢以读书的方式送走流年——初读眉公的《小窗幽记》,是闲暇时在乡间祖屋里随手翻过,是那样深长绵静的时光,静静翻阅,静静品味那一份"山人气息"。

以"醒"而始,以"惰"而终,十二卷书戏说世事,描写山居,随性自然。虽然我并无眉公的高雅,但细细把玩,却也染了几分"雅气",却也有了几分"悟道"。

编书者道,眉公此书,乃是一部人间奇书、悟书。那所悟者为何?"若想钱来钱,何故不想?若愁米米至,人固当愁。晓起依旧贫穷,夜来徒多烦恼。"此言足可见眉公对钱财之淡然。人生世事往往不如人意,而又难以转改,既是如此,何苦徒多烦恼,忧神劳思?倒不如听眉公所言,烦恼既来,何不与之共存,且乐活于眼前。

那何以为乐?

山间自然不如市井,有喧闹之乐,而眉公不过"一世穷根",有何可乐?空山听雨可以为乐,寒雨围炉可以当乐,至于"烧败叶,烹鲜笋"更是可乐。身上无病是乐，心上无事更是乐，"春鸟是笙歌，春花是粉黛"，那就更是人间乐事了。

这样的随性，这样的快乐，当真是令我神往之极。春花，春鸟，听雨，煮笋，哪件算是难事？就好像苏轼在《记承天寺夜游》所言"何夜无月，何处无竹柏，但少闲人如吾两人者耳。""的确，有时候，缺少的不是美景，而是你看风景的心情。

而眉公又有着怎样看风景的心情呢？

人道眉公年二十九便入山隐居，一生未涉官场。在山中，他甚是如意，"流年不复记，花开为春，花落为秋，终岁无所营，唯知日出而作，日落而息。"由此便可想象，他在山间悠然地穿行，在月下饮酒作画。眉公之吟风弄月的情怀，令我等钦羡有加。

虽然我并不准备入山隐居，怕是我也不能够，但我想在寻常的生活里，寻一番隐居的滋味。我认为，那便是给自己留一份闲适，翻书，作画，且不计好与不好，不在乎多与少，不过增加些生活的情味罢了。同时，且不论别人的评价，做一个返璞归真的人，找到生存的意义，找到真实的自我。

眉公在山中的生活正如五柳先生道："北窗下卧，遇凉风暂至，自谓是羲皇上人。"于我而言，适时的"北窗一枕"，虽成不了羲皇上人，却能换来一份真实，和一份我所向往的闲适。

在与书香为伴的日子里，且让我"一窗昏晓送流年。"

147

走在成长的边上

有一支歌长留心中

王书文

青春，呼啸而过。只留一支青春的歌，在心中浅唱。

——题记

我的青春就是那支歌，歌调便是你的个性。

和你初次见面是在那个花开的季节，暖暖的风中夹杂着淡淡的花香，迎面而来的是那一树的槐花，像白色的精灵一样舞动着，白色中还夹杂着少许宁静淡雅。老远就看见你站在草坪上，踮着脚尖，眼睛微闭，享受着阳光洒满全身的感觉，脸上还挂着幸福的微笑。我走上前问你："为什么要把脚踮起来啊？""因为踮起脚尖，就会更接近阳光啊！"你调皮地冲我一笑。你我之间有许多话题，我们成了无话不说的知己。

那五线谱便是你的态度。

你从来不喜欢抱怨，遇到一点儿挫折、困难，也不会伤心，反而变得更加坚强、阳光。还记得那次考试像连珠炮一样向我袭来，我还来不及闪躲就被击中了，失败让我没有了信心，为什么我的努力总得不到回报？你仍是笑着和我躺在草坪上享受着阳光。你说："烦恼不过是燃烧的一张纸，这纸一旦烧起来，无论怎样的低温环境都无法扑灭，风雨雷电只会助长火势。试着把纸放在平静的湖面，那火就会自然而然地熄灭，而此时心情就会顺畅了。"然后你又笑着告诉我："调整好心情是最重要的，这样才能有勇气面对一次次的磨炼。"这原来就是你成功的秘诀啊！我望着你那充满阳光的笑脸，心中也有了自信。你的学习和生活态度像五线谱一样，永远是平直的，似乎心中只有一个信念——坚强，才不会被打垮。

那音符便是你清亮的笑声和活跃的身姿。

你喜欢动，活泼而开朗。每次下课你都会拉着我的手去跳绳、跳舞、跑步。好几次我不想去了，黏在位子上不肯走，你拉着我的手说："劳逸结合嘛！"于是我们便一起在阳光下嬉戏，你的笑声仍很动听，像夏日田中的风一样，很舒畅。一个开心、活泼的女孩儿真是惹人爱呢！

真希望那支歌一直地唱着，永不停息才好。淡蓝的天空有几朵白云的点缀，天上的太阳透过云层的光，洒在你我身上，两个欢快活泼的身影立在阳光下，踮起脚尖，享受着阳光和淡淡花香——这是你我的梦想。

谁都未曾想到最后一个音符竟是休止符。我努力地擦去了记号，却擦不掉残酷的现实。你走了，那个阳光般的女孩儿走了。午后的校园里回响着"深深地怀念这个曾经灿烂的女孩儿，相信她在天堂一样如此的灿烂。"我告诉自己记住你的话，要坚强，才不会被打垮，我一定要成为像你一样阳光般的女孩儿。

"青春就像一条奔流的河，看那漫天飞舞的精灵，在最后的时刻凋零。"那最后的音符不是休止，是反复，我要把那支歌长留在心中，轻轻浅唱……

149

走在成长的边上

九月的大榕树

金振宁

> 也许我和你的遇见更像一棵榕树，那样风雨无阻地屹立。
>
> ——题记

丹桂飘香的九月，初中生活吹响了新的集结号。我携着崭新的心情跨进新学校的门槛，校园内的那棵大榕树就是那样突兀地闯进我的视线，傲然挺立在那里。这一片苍翠的青绿和着天空清澈的湛蓝，焕发出生命的色彩。

新教室就靠在大榕树的身旁，我走进去，看到你稳稳当当地站在偌大的讲台旁，一件米黄色的外衣宽松地罩在身上，黝黑的皮肤透露出北方人才有的豪迈。我找到属于自己的靠窗的位置，阳光透过树叶缝隙在课桌上泻下斑驳的碎影，九月的清风吹动着榕树颀长的枝条，拂过我的脸颊，捎来一阵阵绿色的清凉。

你眼角荡漾着笑意，手握粉笔在黑板上"刻"下了三个大字："李德海"。每一个字都似乎入木三分，苍劲的笔画就如同窗外榕树挺拔的枝条，延展得分外有力。

于是，我记着你的名字迈进了初中时代。

新学期伊始，你爽朗地介绍自己来自江西，你是那样热爱自己的老家，讲到有关江西地域的课文，你总是手舞足蹈，眉飞色舞，似乎要将脑海里对家乡的思念，肚子里珍藏的家乡的快乐全部倾倒出来。于是，从你滔滔不绝的讲述中，同学们了解了"不为五斗米折腰"而毅然辞官的陶渊明，领略了他那"采菊东篱下，悠然见南山"的恬淡心境；了解了坚持不懈为科学事业奋斗，解决全国人民粮食问题的"世界杂交水稻之父"袁隆平。在你娓娓道来的描绘中，同学们憧憬着一望无际的湖泊，向往着湖中央满是诱人的菱角与莲藕，期待着也能像儿时的你一样乘着小舟去采菱，放学回家去捕鱼……我感受到你不远千里迢迢来到这里的勇气与决心，虽然你扎根于此，坚定地做了十五年的灵魂工程师，但你真正的根是在遥隔千山万水的江西，在你所热爱的那方神圣的土地上啊。于是，你对家乡的思念化成榕树的根，深深地扎在土地里，蔓延向远方。

一次惨痛的月考失利之后，我无力地伏在桌子上，任凭辅导书、资料、笔记本三五成群地聚在眼前。心在淌血，如同鲜红的分数。

你从我背后走过来，轻轻拍了拍我的肩，示意我出去。你没有把谈话的地点选在办公室，而是带我到了高高的顶台上。你没有询问我的成绩，也没有责怪。你只叮嘱我要提高效率，调整心态，坦然面对挫折。我没敢正视你的眼睛，而将视线转移到楼下那棵大榕树上，清风习习，拂去我脸上发烫的温度，正如你的话语带走了我心灵的躁热。远处，大榕树的细长分枝随风飘荡，阳光下的树叶也应和着风的节奏婀娜地摇摆，漾成了一浪又一浪连绵不断的泛着金光的绿波。蓦然间我读懂了你的语重心长，读懂了你的叮嘱里饱含着的殷切期望，不禁想起你的博客里"与学生在一起，就是与幸福拥抱"的真情流露，也许正因为你内心深处细腻而深沉的情感，因此你的语文课才会既富有北方人山般的大气，又有南方人水似的柔情。老师，你听到了吗，远方的树叶响起的声音，那是我献给你的感激啊。

又是一年秋高气爽的九月，大榕树还是那样风雨无阻地挺立着，枝繁叶茂，入秋的叶子仍绿着传递生命的气息。漫步于大榕树下，我感到自己在悄悄地拔节。我想，我会更加努力地生长，直到长成和你一样，甚至比你还高的——九月的大榕树。

淡淡的日子也飘香

郑文章

转眼时光流逝十五载，数千日子从身旁流走，我静静地回忆那一个个平淡的日出、日落。记忆的碎片被一片片拾起，那熟悉的馨香扑面而来，如此美妙，如此醉人。

在闲暇的假期，捧一本或薄或厚的书，于朝日渐起夕阳将落，看亲情如灯，驱散人生中每一处黑暗，照亮前进的路途。观人生如画，浓墨重彩处会心惊羡，而工笔勾勒处亦蕴深机，起落之间，行云流水，人生变得畅快之至。品宋词唐诗，寻曲径通幽，与王维共抚琴，在竹林中快意长歌。同李白叹蜀道难行，望剑阁峥嵘，思四万八千载之难度。执柳永之手，相看泪眼，无语凝噎，思索一代词人，艰难的心路历程。在那一个个书卷翻合的日子，闻到了那弥漫于方块字之间的淡雅清香，静静享受，渐渐沉醉。

忽然又被母亲的呼唤声惊醒，原来是要我帮她择菜。步入菜园，却又是一番景象。霜降之后，虽经过秋风洗练，那一株株白菜却是在园中傲然挺立，宽大的菜叶上泛出清亮的微光。叶瓣稍稍上弯，在阳光下欢喜地仰着脸叫人生出希望。我细心地掰开，细致地清洗。送给母亲，在她手中变成佳肴。在那青红交错中，夹起一块细细咀嚼，真觉美味。不自觉便想起了齐白石，齐白石视白菜为菜中之王，嗜画白菜，寥寥几笔尽显其神，清刚而不失妩媚。他在白菜图自题中说："牡丹为花之王，荔枝为果之王，独不论白菜为菜中之王，何也？"在他的白菜图中，虽褪去了色彩，墨色之中却溢出了生活的本真气息。在平淡的日子便是要耐得住风霜，从朴实中嚼出真滋味，方可寻得那白菜中的清香味，那是朴素的清香。

学习生活中，我虽离家，却往往忘不了那份血浓于水的亲情。在进入初中后，父母远走他乡在外打工。一年也难得回家一次。我至今仍记得，在那风雪之日，祖母手提衣物，缓缓前行，相见时，唯泪流不已。阔别一年但见您白发又添几缕，手茧愈厚，皱纹愈深，往日矫健步伐不再，唯谆谆教诲未改，犹记心头，没齿难忘。之后您转身离开，只让明月相送，留与我长长的脚印与渐行渐远的背影。于是我独步回房，摘取墨梅一朵，暗香入鼻，陶醉不已，想梅之坚韧，遇凌寒独放，心中不免鼓舞。回过神来，只见书桌旁一碗冒着热气的黑芝麻糊，在泪眼蒙眬中又望见祖母佝偻背影。泪水又止不住地流下。逝去的平凡的每一天，常有亲情给我温暖，予我激励。于是生活处处鸟语花香，令人留恋。

子曰："逝者如斯夫，不舍昼夜。"日子不停逝去，而正因为生活中有书，有菜，有亲情，才让人感觉幸福而知足，如同苏轼所说的"人间有味是清欢"一样，这是一种清淡的人生，一种人生至高的境界。抓不住明月的身影，但求一颗琥珀剔透之心，在繁忙的生活中，有这些美好的事物相伴，生活便处处飘香，使人享受，温暖心头。

伤心是属于心里的痛

杨晚涵

我爱这个时节，吸一口空气好像连肺也一起变得透明。微冷的空气让人变得清晰，而那从金黄的阳光丝上顺滑而下的枯脆的叶子，却又让人不禁想起，好像有许多伤心的故事都发生在这样的初冬时节，像巴黎街头忧愁的萨克斯的声音，在天空上流动。

学校里的梧桐，总会让我想到山楂树之恋里的那个盛夏。女孩子坐在自行车的后座上，双臂环着男孩儿的腰，嘴角不自觉地上翘，男孩子的脸在斑驳的阳光里俊逸着。那时他们定在期望一个不远的温柔的未来吧，让局外人欣慰又艳羡。然而一个初冬的季节，温柔的未来随着夏天暖暖的风碎了又散了。女孩儿一步一步走到男孩儿病床前的时候，满屋子的人留着泪却没有声音，仅有吊瓶里嘀嗒的绝响是男孩儿最后的陪伴。女孩儿握着男孩儿手的时候，心里是什么滋味呢？而她终于放声大哭的时候，她懂得，伤心是属于心里的痛，而总还有什么，能让她坚强地走下去。

想起电影《唐山大地震》的一段场景。也是一个初冬的日子，一个三十出头的女人不安又激动地走进一间老旧的小屋，她看到了自己幼时的相片，但却是黑白的且伴着香烛。她抬起头看的时候，一个白发苍苍的老人激动得嘴唇发颤，愣了半晌，用撕心裂肺的声音哭起，一如多年前盛夏的那个雨天。年轻时的妈妈趴在地震废墟上，旁人不停地催促："救儿子还是女儿？"她说不出话，只是瞪大着眼睛。而当她最终痛苦地闭上眼睛，喃喃出"儿子，要儿子……"的时候，那是怎样一种伤心欲绝的悲痛。当她无措地抱起虚弱的儿子那一刻，她懂得，伤心是属于心里永远的痛，但总还有点儿什么，让她能坚强地走下去。

我未体验过那种撕心裂肺的伤心，但看着别人的故事，自己总还是有些体会。我们为各种各样的事或深或浅地伤悲着，可能只是同朋友的一次吵闹，又或许是一场难以释怀的离别。我们叫嚣着，大哭着，肆无忌惮地任性着，好像可以把这沉甸甸的重量抛洒在夜空里，但当我们终于累了，嘶哑了，平静了，我们还是会站在那里，眼里噙着被风吹凉的泪水，看着太阳升起，然后转身离去。

心同我们一样长大，经历着欢笑和伤痛，看看我们自己就应该明白，长大是一件多么曲折又欢喜的事。伤心是属于心里的痛，但只要我们懂得，总还有点儿什么，让我们能继续微笑着走下去，这份痛，总会变成回忆，荡漾在一片平静的湖里。

请看好你的心吧，伤心是属于心里的痛，而你却必须继续走下去。

感 以 人 心

黄 捷

"以清净心看世界，以欢喜心过生活，以平常心生情味，以柔软心除挂碍。"

——题记

人被予以人心，观，触，听，感。时不时划过天空的候鸟因人心成了或悲或喜的征兆，无意落在肩头的落叶因人心或轻或重，沉眠的世界因人心悸动而复苏于眼前。那真真切切感受到钝痛或畅怀的，不是肌体，而是一颗心。

渝都坎上，有一家小小的面店。黄昏时光会迎来或新或老的吃客，小店常常是人满为患，有人虽在门外等得抱怨连连，还是依依不舍赖在门边不肯离开。来往的人都夸赞米线劲道，原汤有味，连配食都极为别致。如此生意兴隆，难免令人生疑——为何不开别店或扩张店面？店主只是笑着摇摇头："开分店要多花人力物力而且口味不能始终如一，这样就好了，止于更好吧。"于是当重庆华灯初上时，这略显偏僻的面店兀自在清闲的夜里为心属于此的人燃着微光。那是老板止于更好的清净之心吧，才有了这方寸脱俗之地。

手一挥就再见，嘴一翘就微笑，脚一动就踏前。那是一部关于20世纪60年代香港风云变幻中一户普通家庭的电影《岁月神偷》。鞋匠罗一家艰难度日却也其乐融融，飓风暴雨吹倒了他们赖以躲避风雨的家，绝症带走了他们引以为傲的儿子，但这一家并不萧条于此，并不甘愿臣服于命运。"所有鱼都很开心的。知道为什么吗？鱼的记忆只有三秒钟，当它从鱼缸一头游到另一头，再回头时已不记得自己刚刚游过，以为到了新的地方。"他们正是像鱼一样吧，忘掉苦难却始终抱以欢喜之心并相信着生活。若不是凭借这般的欢喜心，又怎能站起身屹立于风雨呢？

想必大家都听说过荷西与三毛那段令人潸然的爱情。荷西曾说要许十二个愿望时，三毛全部许了"但愿人长久"。他们不过是想平常地相依相偎度过此生。荷西曾说："要到你很老我也很老，两个人都走不动也扶不动了，穿上干干净净的衣服，一齐躺在床上，闭上眼睛说：好吧！一齐去吧！"荷西在婚后六年离开了这个世界。三毛说，走得突然，我们来不及道别。这样也好，我们永远不道别。三毛在树下，靠在荷西的坟墓身边。再没有眼泪，再没有恸哭，她只像一个寻常妻子，靠着丈夫，一如过去的年年月月。因平常心，而生情味。

闭上眼，依然会有镜花水月，依然会有朝霞日暮。或清净，或欢喜，或平常，或柔软，无须其他多余，不过感以人心。

那时，我羞愧

易侨琳

先生姓许名长青，是我九年级的数学老师。正如他的名字那样，他是我心中的常青树，即使是岁月的沉淀，风雨的洗礼，他依旧在我心头茂盛如初，经久不衰。

那天，星期一。天朗气清，惠风和畅，如同往常。我呆呆地坐在自己的座位上吃着零食，和同学们杂七杂八地闲聊着。无意中瞥见被粉笔头肆虐的讲桌，还疑惑今天怎么没人值日，但又懒于开口，也就不以为意了。几分钟过去了，预备铃响了，吵闹的教室一反常态，迅速安静下来了。"班长，班长，今天该你擦黑板。"一个很小的声音从身后传来，仿佛一股冷风灌来，一股凉气直往上蹿。"该死的，怎么把这么重要的事忘了？"我用劲儿拍着自己的头。我悄悄侧过头，用余光扫了一下后窗口，发现老师还没来，于是我"噌"地从座位上站起来，跑向讲台。一路上同学们的书在我身后铺了一地，我无暇顾及，拿起桌上一个湿抹布就开始擦黑板，胡乱地擦了几下后回到座位。心里"扑腾，扑腾"地跳个不停，只得低着头掩饰一下。

窗外响起皮鞋与地面摩擦的声音，声音很突凸，抬起头，先生夹着三角板，拿着书，腆着肚子，踱上了讲台。用余光瞥了瞥黑板，眉头紧缩，面露不满之色。这时全班都望向我，眼神的聚焦让我不由自主地低下了头，等待着老师处罚。半晌，全班鸦雀无声，皮鞋与地面摩擦的声音再次响起，先生拿着洗好的抹布走上讲台。

展开、叠好，即使是一块抹布，他也叠得那么仔细。他一手按住黑板，另一手高举抹布，踮起脚，圆圆的肚子靠着黑板，显出很努力的样子，擦着上面的黑板。接着，他的身子慢慢下倾，抹布在黑板上留下一个近乎规则的矩形，下蹲，他擦着黑板底部，讲台快要没过他的头了。展开、折叠，依旧是这个动作，他没有偷懒，仿佛这块抹布就是一件工艺品般。全班的眼神再次聚集到我身上，我的脸红到耳根，比成熟的苹果还要红。那时，我羞愧了。看到先生一丝不苟地擦着黑板，胖胖的身子吃力地下蹲，踮起，我真的羞愧了。老师无言的行动，就像一记鞭子，狠狠地抽在我的身上。

我忘记值日，本该受到责备，先生不仅不责备，反倒帮我擦了黑板，他那擦黑板的认真样子，怎么能不让我心生羞愧，且铭记于心呢？

先生虽是数学老师，但却给予了我许多人生的启迪，给予了我许多帮助，既是良师，也为益友。

先生这棵常青树在我心头永远会枝繁叶茂。

159

我是一滴小小水滴

李　涵

　　我是一滴小小水滴，自幼自己生活，不知道家是什么，不知道亲人，也不知道自己能做些什么。

　　"小水滴，你快把我载走吧！"大船哥哥央求道。"好呀！好呀！"我用尽了所有的力气，可是大船哥哥竟然纹丝未动。"小水滴，我要去远方环游，现在看来是不行了。"

　　我心里好难受呀。找到了花叶上面的小露珠，她告诉我在这片花海里有无数个像我一样的小水滴—— 一条清澈的小河在静静地流淌。

　　为了朋友，为了我的家和亲人，我踏上了寻找的路程，我不停地在花叶和花瓣上滚动，一朵连着一朵的。花儿姐姐们被我感动，她们向风儿阿姨借一缕轻风，将我吹到了花海的边缘。哇，好清凉呀！微风吹着我的面颊，让我感觉好惬意。可是挡住了我的视线，我很焦急，因为我看不到像我一样的小水滴。"上来！上来！"紫藤花儿姐姐鼓励我。在我上去的一瞬间，就顺着她的叶尖滴进了凉凉的液体里——我进入了小河深处。

　　"欢迎回家！"我被簇拥着，好温暖。我们互相拍打着，吵闹着，追逐着。

　　小水滴汇成小河流，再汇成大海洋，就可以载着大船周游世界了。我们相互簇拥着，一个挨着一个地向前流着，大船轻轻地浮着。

看！他还在傻傻地笑着，他说我们就像他身上的木板，紧紧地靠在一起，不露任何间隙。

看，我们就要融入海洋妈妈的怀里了。因为我们每个小水滴都很负责、认真，我们心里明白：只有团结一致、互相合作，共同努力才能这样……

梦 青 岩

王艺璇

青岩是我的一个梦，一个用石板铺成的梦。如今，我站在青岩的街道，按捺不住的心跳得激烈。我深深吸上一口气，抬起发颤的脚，走进了我期待已久的梦……

热闹的主街洋溢着浓郁的淳朴气息。卖银器的铺子，出售豆腐圆子的小店，被游人围得水泄不通。耳中听着卖家的吆喝，眼中看到的是游人的笑脸，鼻子里闻到的是辣子鸡的香味，嘴里还含着浓香的玫瑰糖。我的五官被青岩的气氛所感染着，仿佛早已被青岩所融合，成为青岩的一分子。

蹑手蹑脚地拐进一条隐蔽的小巷，只是不愿打扰小巷特有的宁静。阴暗的天空不知何时竟下起了淅淅沥沥的小雨，撑起一把素色的伞，漫步在小巷之中。灰暗的石板边带了些许青苔，与石墙上的绿叶交相辉映。在幽静的小巷中，抛开心中的杂乱，天地之间，只剩我一人，独自行走在梦幻般的青岩之中。

走出城门，登上一座小山。回头望去，刚刚下过小雨的青岩便有了一丝朦胧的美感，果然是"浓妆艳抹总相宜"！脚下的青岩，就像是用石板所拼出的梦幻石城，让我心醉，让我沉迷，让我无法自拔……

斫去那些芒

孙群骅

> 如果你是一只刺猬，那么你很容易遇到同类。
>
> ——题记

去石浦的公交车上，偶遇了这样一幕。

天十分闷热，再加上车内乘客过多的原因，人们额头上渗出了汗。这时我看见一位坐在我旁边的老爷爷有点儿想开窗的意思，他试着推了推窗，竟然纹丝不动。目光瞥向坐在他身后的那位小伙子，他把自己身边的窗户开到了极点，整个人趴在了窗口，阵阵凉爽的风吹来，他正惬意地享受着呢。我心里有些不平了，想要提醒他一句。但见那位老爷爷转过身，用手轻轻触了触他的衣服，小伙子回过了神，老爷爷朝窗户指了指，微笑着点了点头。

就这么短短的一瞬间，小伙子便害羞地将自己的窗户合上了些。接着他探过身把老爷爷那边的窗拉开了一条缝隙，再一用力，窗开大了点，老爷爷双手合十，点了点头，小伙子的脸一下涨红了。两股清爽的风从窗口吹了进来，让人感到十分舒爽。

看到这儿，让我想起了曾经发生在相同情况下的一件事。

那天，不算热，人没有这么挤，一个同校的男生坐到了我的前面，我有点儿想开窗，只是还没有行动呢，他就斜了我一眼，二话没说将自己的窗开到了最大，风大口大口灌进来，他贪婪地吸着。见状，我像一只刺猬一样竖起周身的芒，将他的窗推回去，把自己的窗开到最大。风一头撞过来，把我的头发都掀到一边去了，可真爽快啊。可他又不干了，也立起芒刺，把我的窗推了回去，并且用手支在窗口上。不甘心的我，腾地站起，憋着一口气，将两只手摁在玻璃边缘。我的战斗架势激起了他的抗议，他霍地起身，撸起袖子和我拼力气了。我们就这样僵持着，谁也不肯先松手，直到下车，方才罢休。

"没见过男孩儿心眼这么小，居然和女生斗，我记着你了。"我用"芒"指向他，切齿地说道。

"没见过女孩儿这么蛮，记着我，敢情好啊，我也不会忘了你的。"他抖了抖身上的"刺"，头也不回要下一句，晃晃悠悠走了。

"学校到了，要下车的赶紧下车啊。"司机的话打断了我的回忆，下得车来，心绪却不能平静。

不由得去想，在利害冲突面前，一个善意的提醒，微微一笑，瞬间就化解了难题。我不禁暗自反省：如果在冲突面前自己先变成一只刺猬，那么谁又甘愿被扎呢？记得在一本书里看到过这样一句话：如果你是一只刺猬，那么你很容易遇到同类。斫去身上锋利的芒吧，捧出善意的软，你又何尝不会遇到温润的回应呢！

164

萤 之 美

梁来涛

田边荒芜的草长及人高，静夜，月光清淡。风漫漫，夏草特有的味道于风间泛滥成海。点点流萤，忽上忽下，恍若夏之竖琴所奏出的绝妙音符。清凉的萤光，配上青青绿草，在夏的气息间流转，自有一番灵动的美感，舞得倾城。

这是我臆想中最美的萤。

小时候幼儿园老师教的一曲《萤火虫》，只记得每每唱到那一句："不要你的金，不要你的银，只要你的屁股亮晶晶！"我都要摆摆手，转个圈，嘟起小嘴，佯装可爱地拍拍屁股，惹旁人笑得花枝乱坠。可惜那时太小，竟不明白，那所谓屁股亮晶晶的，说的便是萤火虫。

后来回乡下，哥哥捉了萤火虫来哄我，就放在一个矿泉水瓶子里，摆在我的床头。夜里翻来覆去睡不着，惊鸿一瞥间，萤光流烁，飘摇不定，绿影悠悠。那小小的瓶子里似乎藏了一个与世隔绝的蓬莱仙境，身披绿纱的仙子轻盈起舞，袅袅婷婷，不着丝毫的烟火气息，美得那般淡定。萤火虫，点缀了我整个夜晚的梦。

萤，就这么成了我在幼时最为亲切而美丽的记忆。

我爱萤，爱它的静美，爱它的单纯洁净，爱它若有若无的伤感情怀。

古有"轻罗小扇扑流萤"，如此所言，萤既可美得脱俗，亦能美得入世。入了那痴怨的恨女图，萤反而更有了空灵的韵味。绫罗盈盈的女子目光如水，光洁的足踏上碧色的玉阶，缓摇轻罗小扇，有意无意地扑打点点流萤。这般情境，任谁看了都会心神摇曳，莫名的伤感弥漫于心。

我看《萤火之森》，也只是因为萤火二字，让我想到那漫天飞舞在森林中的一粒粒微光。影片的最后，男主角的碎去的灵魂漫天纷飞，真如飞舞的萤火虫一般，唯美到极致，又哀痛到令人不忍卒看。我仍清醒地记得彼时快要流泪的瞬间，忆起田维说过的一句话，她说："生命莫不是一粒流萤。"

生命莫不是一粒流萤。

你，我，我们，走在人生路上的每一个人，都一样。我们恰如那一粒小小的萤，微小又谨慎地活在这个世界上，悄悄地为自己燃起一盏小小的灯火，暗自吐露着悲欢。那寂寂的微光，单薄，安静，明明灭灭，但已然足够温暖自己的心。哪怕含一层薄泪，亦足够给自己安慰，为自己疗伤。生命散发着柔柔的光环，也恰似那一粒流萤，那样短的一辈子，却已经足够我们去绚丽一场。我们存在过，我们知道，我们的生命曾燃起一盏灯，哪怕并不亮，又那么的小。那一种微暖的生命，小心翼翼地被自己珍爱起来，到头来，足够让自己会心微笑。

萤是美的，是需要被小心呵护着的。如黎戈所言："萤火虫之光，短暂，脆弱，单向，踏在心路上，径直远去，永不回转的片刻快乐。"也许，这正是萤的甜美与哀伤，我们如此，生命如此，所以，我们才更加需要去珍惜吧。我爱萤，更像爱自己。

看，萤飞起来了，它在淡淡的时光里，燃亮了一小朵、一小朵的欢欣。

爱到极致是毒药

王宇琦

那一年的夏天，夜晚很好，明净而含蓄，那样惹人怜爱，一如她的笑容。

她浅浅地笑，白皙的手指间卧着一丝柔绿，那是她渴望已久的夏花。

当黑色的泥土掩住嫩滑的根时，她在心里勾勒出一幅蓝图，仿佛看见一点儿唇红颤着，晃着，在枝条的顶端娇怯怯地绽放。

好好种哟，它能开出很美的花。

爷爷对她神神秘秘地说，那副模样让她想起老顽童周伯通。

好好种。

她一下子警醒了，贱养不如精养。她找来温润的白瓷盆，把夏花重新移植进去。

那一夜，她睡得很满足。

太阳抽出了金色的丝弦，明媚而温暖。她兴奋地把瓷盆移进阳光，几近透明的嫩条在阳光下慵懒地、舒适地享用这丰盛的早餐。

她痴痴地望着，心醉神迷，宠溺地抚摸着每一片叶子。

当雷雨的轰鸣在窗外肆意恐吓，她便急急掩了窗户，把它搬进安静的卧房；当烈日在天上作威作福，她忙忙地将它移进阴凉处。

夏日的时间也在慢慢流走，她急切等待着花瓣启开的那一瞬间。

可是没有，叶子越长越小，下垂，无力。

她懊悔，只能用更精细的方法照顾它。她的目光在一排排"养花指南"中游走，甚至在花盆旁把手机打开，让一首首的轻音乐在叶片上舞蹈。她为它遮风，挡雨，避日。

可夏花就像一个任性的孩子，对她的娇宠毫不领情，自顾自地消瘦、憔悴，那么不堪一击。

脆弱的夏花甚至没有等到那个凉爽的秋天，就垂下了头颅，安静地灰飞烟灭了。

她埋葬了夏花的落叶，在同样明净的天空下颤抖。忽然，耳畔有了一个声音，清冷而怨愤："难道你真的不知道，爱到极致是毒药吗？"